TERRA

Geographie 5
Ausgabe für
Sachsen-Anhalt

D1720745

KLETT PERTHES

Stuttgart Düsseldorf Berlin Leipzig Gotha

Inhalt

Z = Zusatzthemen

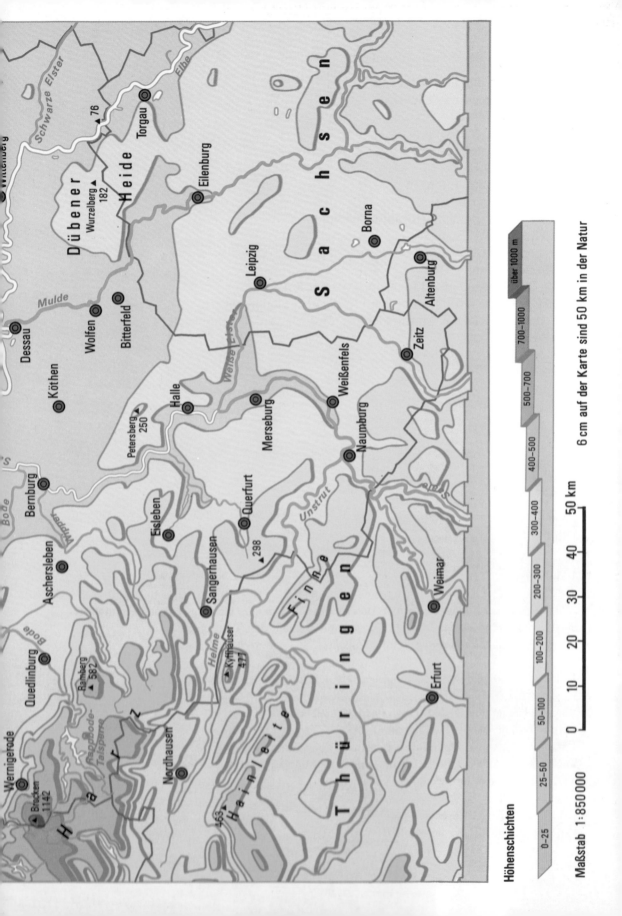

Höhenschichten

| 0–25 | 25–50 | 50–100 | 100–200 | 200–300 | 300–400 | 400–500 | 500–700 | 700–1000 | über 1000 m |

Maßstab 1:850 000   6 cm auf der Karte sind 50 km in der Natur

0 10 20 30 40 50 km

Map labels:

Schwarze Elster

Elbe

▲ 76

Torgau

Dübener   Heide

Wurzelberg ▲ 182

Eilenburg

Borna

Altenburg

Leipzig

Sachsen

Mulde

Wolfen

Bitterfeld

Dessau

Köthen

Weiße Elster

Zeitz

Halle

Petersberg ▲ 250

Merseburg

Weißenfels

Naumburg

Bernburg

Bode

Eisleben

Querfurt

▲ 298

Unstrut

Finne

Weimar

Ascherleben

Sangerhausen

Helme

Kyffhäuser ▲ 477

Thüringen

Hainleite

▲ 463

Erfurt

Quedlinburg

Bode

Ramberg ▲ 582

Harz

Nordhausen

Wernigerode

Brocken ▲ 1142

Rappbode-Talsperre

Bober

TERRA Geographie 5 Sachsen-Anhalt

Herausgegeben und bearbeitet von:
Dr. Eckhard Appenrodt, Bitterfeld
Dr. Egbert Brodengeier, Dresden
Brigitte Ebeling, Magdeburg
Dr. Michael Geiger, Landau
Bodo Lehnig, Dresden
Helmut Obermann, Ettlingen
Herbert Paul, Asperg
Prof. Dr. Lothar Rother, Schwäbisch Gmünd
Dr. Heinz Ziemke, Stendal

Mit Beiträgen von:
Ulrike Dörflinger, Gerhard Junghanns, Rainer Kalla,
Dr. Dieter Kohse, Prof. Dr. Eberhard Kroß, Wolf Lamprecht,
Prof. Dr. Heinz Nolzen, Martin Plemper, Prof. Dr. Rudolf Schönbach,
Dr. Ulrich Schröder

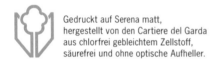

Gedruckt auf Serena matt,
hergestellt von den Cartiere del Garda
aus chlorfrei gebleichtem Zellstoff,
säurefrei und ohne optische Aufheller.

1. Auflage   1 5 4 3 2 1 | 1998 97 96 95 94

Redaktion: Christoph Rausch, Verlagsredakteur; Klaus Feske, Verlagsredakteur

Einband-Design und Layout: Erwin Poell, Heidelberg
Layoutkonzept: Werner Fichtner, Stuttgart
Karten: Kartographie Klett Stuttgart; Justus Perthes Verlag Gotha
Zeichnungen: Andreas Florian, Peter Hoffmann, Rudolf Hungreder, Heike Kucher,
          Peter Orthwein, Wolfgang Schaar
Satz: DTP-Satz
Druck: KLETT DRUCK H. S. GmbH, Korb
ISBN 3-12-289810-1

Auf diesen Seiten lernst du wichtige erdkundliche Arbeitstechniken kennen

Unsere Erde

Fernsehen bedeutet: in die Ferne sehen können. Es ist eine großartige Erfindung. Zum Beispiel können wir unmittelbar miterleben, wenn in einem ganz entfernten Teil der Erde die Olympischen Spiele stattfinden. Das Fernsehen informiert uns über wichtige Ereignisse auf der Erde: Über die Eröffnung eines SOS-Kinderdorfes in Togo, über den Start der Ariane in Französisch Guayana, über Waldbrände auf Korsika zum Beispiel.

Sicherlich blickst auch du oft mit Hilfe des Fernsehers in die Welt. Aber lernst du dabei die Welt kennen? Was weißt du über unsere Erde? Dein neues Schulfach „Geographie" hilft dir, dich auf der Erde zurechtzufinden und sie besser zu verstehen.

2

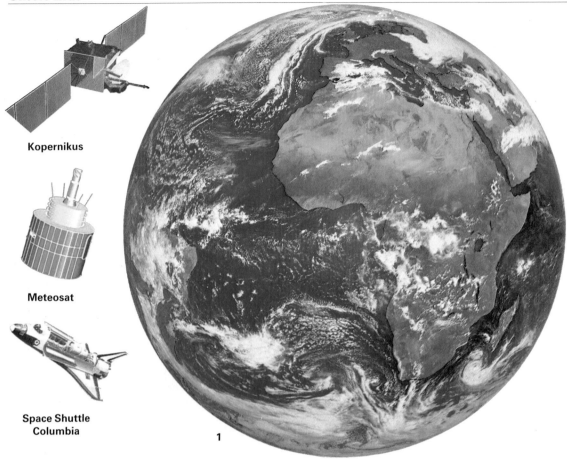

Kopernikus

Meteosat

**Space Shuttle
Columbia**

1

**1
Die Erde aus dem
Weltraum**

Die Erde im Blick

Hoch über der Erde kreisen viele
Satelliten. Einer davon ist Meteosat.
Aus einer Höhe von 36 000 Kilome-
tern funkt er Bilder der Erde zu uns.
Sie zeigen die Wolkenverteilung
über Land und Wasser. Wir brau-
chen diese Meteosat-Bilder für die
Wettervorhersage.

Andere Satelliten dienen zur Fern-
sehübertragung. Kopernikus zum
Beispiel sendet Funksignale von einem Teil der Erde zu einem anderen.
Wieder andere Satelliten dienen der
Erforschung der Erdoberfläche. Sie
umrunden die Erde in geringerer

Entfernung. Nachts kannst du sie
als helle, sich schnell bewegende
Lichtpunkte amHimmel sehen.

Auch bemannte Raumfähren wie
das Space Shuttle Columbia oder
Mir umkreisen die Erde. Die Astro-
nauten können dabei die gewölbte
Oberfläche der Erde erblicken.
Denn die Erde hat eine kugelähnli-
che Form.

Stelle dir vor, du wärst ein Astronaut
– nur hast du statt der Erde den Globus vor dir. Der **Globus** ist nämlich
das verkleinerte Abbild der Erde.
Wenn du ihn drehst, gleiten die Erd-
teile oder **Kontinente** an dir vorbei.
Sie liegen inmitten der Weltmeere

oder der **Ozeane** und erscheinen darin wie große Inseln.

1 a) Nenne die Kontinente und Ozeane, die du auf dem Weltraumbild (1) und auf dem Globus (2) sehen kannst.
b) Welche kannst du nicht sehen und warum nicht?

2 Wenn du den Globus drehst, zeigt er verschiedene Ansichten der Erde. Vergleiche die Abbildungen (3) und (4).

3 Welche Kontinente und Ozeane sind in Abbildung (3) und (4) zu sehen? Ordne den Ziffern Namen zu.

4 Vergleiche die Flächengrößen der Kontinente und Ozeane miteinander. Schreibe vier Größenvergleiche auf. Zum Beispiel: Der Pazifik ist größer als alle …

5 Addiere die Flächengrößen
a) der Kontinente und
b) der Ozeane.
Vergleiche die Summen.

Der Globus – das Modell der Erdkugel 2

Mio km²

3/4 Kontinente und Ozeane der Erde aus zwei Ansichten

Die Flächengrößen der Kontinente und Ozeane 5

Mit Seefahrern um die Erde

Vor 500 Jahren beherrschten Araber den gewinnbringenden Handel mit Gewürzen aus Indien. In Europa waren diese Gewürze so begehrt wie Silber. Weil aber die Araber den Landweg nach Indien kontrollierten, suchten europäische Händler und Seefahrer einen Seeweg zu entdecken. Einer von ihnen war Kolumbus. Im Gegensatz zur damals vorherrschenden Meinung war er davon überzeugt, daß die Erde eine Kugel ist. Er segelte deshalb nach Westen, um nach Indien zu gelangen. Das Land, das er 1492 im Dienste Spaniens entdeckte, hielt er für Indien. Die Menschen dort nannte er Indianer – so sicher war er sich, den richtigen Weg gefunden zu haben. Tatsächlich hatte er aber einen neuen Erdteil entdeckt, den man später Amerika nannte.

Erst wenige Jahre später – 1498 – wurde der wahre Seeweg nach Indien gefunden. Der Portugiese Vasco da Gama war um Afrika herum nach Osten gesegelt. War die Erde wirklich eine Kugel? Am 20. September 1519 begann eine weitere große Expedition. Eine spanische Flotte mit fünf Schiffen und 260 Mann Besatzung lief aus. Ihr Kapitän Magellan wollte die ganze Erde umsegeln. Aber wie weit reichte Amerika nach Süden? Gab es eine Verbindung zwischen den Ozeanen? Lange suchte er vergeblich. Erst im Oktober 1520 fand er weit im Süden eine Meeresstraße. Sie trägt heute seinen Namen: Magellan-Straße. Die Durchfahrt war stürmisch. Um so ruhiger war

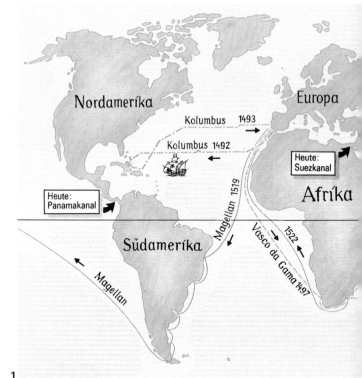

1
Die Entdeckungsreisen von Kolumbus, Vasco da Gama und Magellan

Lesetips

2

das riesige Meer, das die Spanier erreichten. Sie nannten es „mare pacificum" oder Stiller Ozean.

Drei Monate dauerte die entbehrungsreiche Fahrt über den Pazifik. Viele Seeleute verhungerten oder verdursteten. Andere fanden auf fernen Inseln im Kampf mit Einheimischen den Tod – so auch Magellan im März 1521. Er erlebte den Erfolg seiner Expedition nicht mehr.

Erst am 8. September 1522 ging die Reise zu Ende. An diesem Tag kam ein stark beschädigtes Schiff in Spanien an. Achtzehn zerlumpte Männer – erschöpft und abgemagert – waren an Bord und ließen dem König melden: „Wir haben das ganze Rund der Erde umsegelt. Nach Westen sind wir abgefahren, und aus dem Osten sind wir wiedergekehrt."

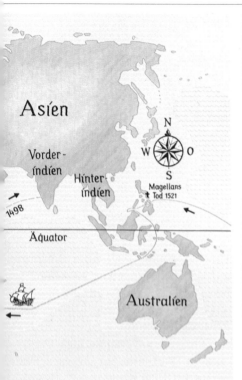

1 Beschreibe in Karte (1)
a) den Weg von Kolumbus,
b) den Weg von Vasco da Gama.
Nenne die durchfahrenen Ozeane und die erreichten Kontinente.

2 a) Verfolge den Weg von Magellan und seiner Mannschaft auf der Karte (1). Nenne die Kontinente und Ozeane, die sie erreichten.
b) Verfolge den Weg auch auf dem Globus.
c) Die Überlebenden meldeten dem König: „Nach Westen sind wir abgefahren." Prüfe, ob da stimmt.

3 Die alte Weltkarte (3) zeigt noch ein anderes Bild der Erde als die Karte (1). Vergleiche beide Karten, und nenne drei Unterschiede.

4 Wer heute mit dem Schiff um die Erde fahren will, kann sich die Umwege um Südamerika und Afrika sparen. Wo verläuft der kürzere Weg?

5 Ein Flugzeug umrundet die Erde über dem Äquator. Welche Kontinente und Ozeane werden überquert, wenn es von Afrika aus nach Osten fliegt?

Die Weltkarte des Abraham Ortelius von 1570

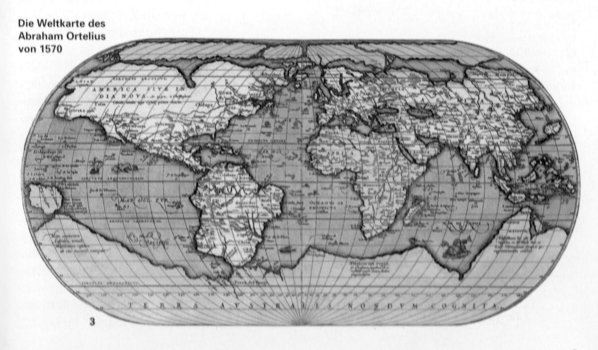

Wir spannen ein Netz um die Erde

Reinhold Messner und Arved Fuchs ziehen ihre Schlitten durch die Eiswüste der Antarktis. Sie wollen zu Fuß den Südpol erreichen. Doch was passiert, wenn sie in Not geraten? Wie können sie ihre genaue Position angeben?

Bastelt euch selbst eine Kugel mit Gradnetz.
Notwendig sind:
1 Styroporkugel mit 12 cm Durchmesser
1 Stricknadel
1 roter Filzstift
ca. 3 m langer Faden
1 Lineal
12 Stecknadeln
1 Kartonstreifen, ca. 22 cm lang und 1–2 cm breit
1 Kartonstreifen, ca. 42 cm lang

Breitenkreis

90°

60°

nördliche Breite

Nordhalbkugel

30°

0° **Äquator**

südliche Breite

Südhalbkugel

30°

60°

2

Nordpol

Erdachse

Südpol

1

Um die genaue Lage oder Position auf der Erde angeben zu können, benutzt man das **Gradnetz**. Es ist ein Netz unsichtbarer Linien, das die Erde umspannt.

Ihr könnt ein vereinfachtes Gradnetz in Partnerarbeit auch selbst herstellen. Beachtet dazu die Bastelanleitung:

1. Die Styroporkugel entspricht der Erdkugel. Die Stricknadel mitten durch die Kugel bildet die **Erdachse**, um die sich die Erde dreht. Die beiden Einstichpunkte sind die Pole der Erde: der **Nordpol** ist oben, der **Südpol** unten.

2. Nun zeichnet ihr zwischen den Polen parallele Kreise um die Kugel. Diese Umfangskreise nennt man **Breitenkreise**. Der größte von ihnen heißt **Äquator** = Gleicher. Er teilt die Erde in die **Nord-** und **Südhalbkugel**. Die Breitenkreise werden vom Äquator zu den Polen von 0 bis 90 numeriert. In eurem Modell genügt es, außer dem Äquator und den Polen noch den 30. und 60. Breitenkreis mit einem roten Filzstift zu zeichnen.

Ein 2 cm breiter, gelochter Kartonstreifen hilft euch dabei.

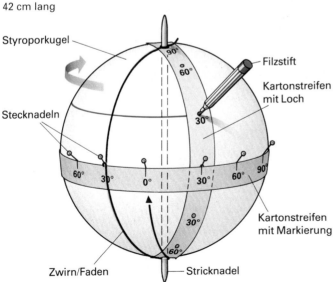

Styroporkugel

90°

60°

Filzstift

Kartonstreifen mit Loch

Stecknadeln

30°

60° 30° 0° 30° 60° 90°

Kartonstreifen mit Markierung

30°

60°

Zwirn/Faden — Stricknadel

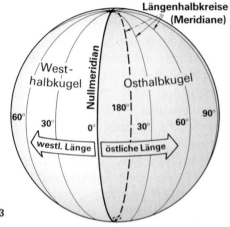

Längenhalbkreise (Meridiane)

West-halbkugel

Osthalbkugel

Nullmeridian

180°

60° 30° 0° 30° 60° 90°

westl. Länge ⟵ ⟶ östliche Länge

3

enger als in eurem Modell. In diesem Netz kann man die Lage eines Ortes auf der Erdkugel genau angeben.

1 Nenne weitere Beispiele, bei denen es wichtig ist, die Position auf der Erde genau angeben zu können.

2 a) Wie viele Breitenkreise und Meridiane umfaßt das Gradnetz?
b) Weshalb ist ihre Anzahl verschieden?

3. Um die Erdkugel auch in westöstlicher Richtung einzuteilen, spannt ihr mit einem Zwirnsfaden Linien von Pol zu Pol. Diese Halbkreise nennt man **Längenhalbkreise** oder **Meridiane**. International hat man sich geeinigt, einen Längenhalbkreis als **Nullmeridian** festzulegen. Er verläuft durch die Sternwarte von Greenwich in London. Von ihm aus numeriert man die Meridiane nach Westen und Osten von 0 bis 180. Der Nullmeridian und der 180. Meridian teilen die Erde in eine West- und eine Osthalbkugel. Für euer Modell genügt es, mit Hilfe eines zweiten Kartonstreifens jeden 30. Meridian mit Stecknadeln auf dem Äquator zu markieren. Ein schwarzer Faden stellt die Meridiane dar. Ein Ende des Fadens verknotet ihr am Nordpol. Dann wird der Faden um die erste Stecknadel herumgeführt, von dort um den Südpol, dann um die nächste Nadel und so weiter. Das Fadenende verknotet ihr am Nordpol.

4. Die Breitenkreise und die Meridiane ergeben zusammen das Gradnetz der Erde. Es ist auf einem Globus oder in den Atlaskarten viel

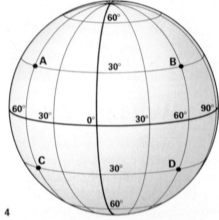

60°

A 30° B

60° 30° 0° 30° 60° 90°

C 30° D

60°

4

Lage im Gradnetz:
A liegt bei 30 Grad nördlicher Breite und 60 Grad westlicher Länge,
oder kürzer:
A liegt 30° Nord und 60° West,
oder noch kürzer:
A: 30° N/60° W

3 Bestimme die Lage der Punkte B, C und D im Gradnetz (Abbildung 4).

4 Nenne je eine europäische Großstadt, die in der Nähe des 40., 50. und 60. Breitenkreises liegen. Suche am Globus.

5 Der Äquator ist mit 40 000 Kilometern der längste Breitenkreis. Wie lang ist der Breitenkreis 90?

Marmorstatue aus
dem 1. Jh. v. Chr.

1

Hoffentlich kommst du dir nicht vor wie der arme Riese Atlas, wenn du deinen Atlas zur Schule schleppst! Er ist eine unentbehrliche Hilfe im Erdkundeunterricht, aber auch zu Hause und auf Reisen. Der Erdkundeatlas will dir ein Bild von der Erde vermitteln, dir also die Welt näherbringen.

Wenn du in deinem Atlas blätterst, findest du ganz unterschiedliche Karten. Auf jeder Karte ist zu einem bestimmten Raum ein ganz bestimmtes Thema dargestellt. Drei Beispiele hierzu siehst du auf Seite 13. Zum Raum Nordeuropa sind Kartenbeispiele mit drei verschiedenen Themen abgebildet. Beim Studieren dieser Karten erfährst du etwas über die Welt in diesem Teil Europas.

In der Zeichenerklärung oder auch **Legende** kannst du jeweils nachschauen, welche Bedeutung die Farben und Zeichen in der Karte haben. Sie ist also der Schlüssel zum Lesen und Verstehen der Karte.

Die Welt im Atlas

In der griechischen Sage wird vom Kampf zwischen den Göttern um die Vorherrschaft berichtet. Atlas, aus dem Geschlecht der Titanen, mußte als Strafe für seine Teilnahme am Kampf gegen den Göttervater Zeus fortan das Himmelsgewölbe tragen.

Die Menschen im alten Griechenland stellten sich vor, daß das Himmelsgewölbe im Westen des Mittelmeeres auf der Erde bzw. auf dem Meer aufliege. Dort, so glaubte man, stütze Atlas mit seinen breiten Schultern den Himmel ab. An diese Sage hat sich der berühmte Kartograph Gerhard Mercator aus Duisburg erinnert, als er im Jahre 1595 erstmals den Namen Atlas für eine Sammlung von Karten verwendet hat. Seither benutzt man die Bezeichnung **Atlas** für eine Kartensammlung.

1 Neben dem Atlas für den Erdkundeunterricht gibt es viele andere Atlanten. Nenne einige Beispiele.

2 Stelle fest, welche Themen die drei Kartenbeispiele auf Seite 13 haben.

3 Die Karte (2) wird als Landschaftskarte bezeichnet, weil sie in grober Form das Bild der Landschaft widerspiegelt. Nenne die in der Karte vorkommenden Arten a) der natürlichen Vegetation (Vegetation = Pflanzenwelt) und b) der landwirtschaftlichen Nutzung.

4 Suche in der Karte (3) den höchsten Berg Norwegens (Galdhøpigg) und die Hauptstadt Schwedens (Stockholm). Wie hoch liegen beide?

5 Vergleiche die Bevölkerungsdichte im Gebirge und an der Küste anhand der Karte (4). Wo leben die meisten Menschen?

6 Schreibe auf, welche Bedeutung die Farbe Grün in den drei Karten jeweils hat:

Karte	Bedeutung von Grün
Landschaftskarte	
Physische Karte Höhenschichten	
Bevölkerungs-dichtekarte	

Wenn ich das richtig sehe, ist in den Karten Grün nicht gleich Grün!

7 Suche im Atlas Deutschlandkarten mit den drei Themen Bodennutzung, Oberflächenformen und Bevölkerungsdichte.

8 Suche drei weitere Karten zu Deutschland, die andere Themen haben.

Was ist ein km² ? (ein Quadratkilometer)

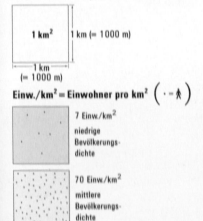

1 km² — 1 km (= 1000 m)

1 km (= 1000 m)

Einw./km² = Einwohner pro km² (· = 🚶)

7 Einw./km²
niedrige Bevölkerungs-dichte

70 Einw./km²
mittlere Bevölkerungs-dichte

2

Landschaftskarte

Legende (Auswahl)
- Bergtundra (Fjell)
- Borealer Nadelwald
- Wald der gemäßigten Zone
- Wiesen und Weiden
- Ackerbau

0   100   200   300   400   km

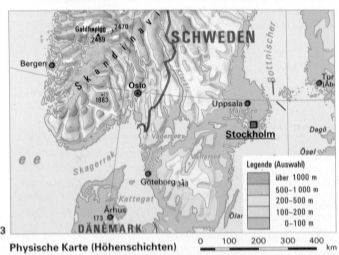

3

Physische Karte (Höhenschichten)

Legende (Auswahl)
- über 1000 m
- 500–1000 m
- 200–500 m
- 100–200 m
- 0–100 m

0   100   200   300   400   km

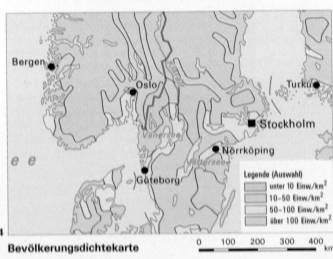

4

Bevölkerungsdichtekarte

Legende (Auswahl)
- unter 10 Einw./km²
- 10–50 Einw./km²
- 50–100 Einw./km²
- über 100 Einw./km²

0   100   200   300   400   km

13

1

Eisbären auf einem Müllplatz in Churchill

Wie du mit dem Atlas arbeitest

Eine interessante Nachricht aus einer Zeitschrift. Aber weißt du, wo Churchill liegt? Wenn nicht, so ist das kein Problem. Hier hilft dir der Atlas!

In jedem Atlas gibt es ein Verzeichnis mit erdkundlichen Namen. In diesem sind alle im Atlas vorkommenden Gebirge, Flüsse, Seen, Meere, Städte usw. alphabetisch geordnet. Man nennt ein solches Verzeichnis **Register**. Dort findest du zum Beispiel (2) auch die Stadt Churchill mit dem Hinweis 106/107, J4. Die Angaben bedeuten: die Stadt Churchill findest du im Atlas auf der Doppelseite 106/107 im Feld (Gradnetzfeld) J4.

1 Suche Churchill im Register deines Atlasses, und schlage die dort angegebene Seite auf.

2 a) Welche Angaben zu Churchill kannst du der Karte mit Hilfe der Legende entnehmen?

b) Fertige eine Beschreibung an mit der Überschrift „Mein Steckbrief von Churchill lautet" (z. B. Lage, Einwohnerzahl, Landschaft, Staat usw.).

3 In der Abbildung (4) sind noch weitere Orte markiert. Wie heißen diese Orte, und in welchem Feld (Gradnetzfeld) liegen sie?

Christmasinsel 92/93 C5
Chromtau 85/87 E4
Chubut 118 B4
Churchill, Stadt in
  Kanada 106/107 J4
Churchill, Fluß zur
  Hudson Bay 106/107 J4
Churchill, Fluß zur
  Labradorsee 106/107
  M4
Cienfuegos 108/109 E4
Cima dell'Argentera
  60/61 I3
Cincinnati 108/109 E3

2

Die Stadtstreicher von Churchill
Immer wenn es Winter wird, im Oktober, schweben die Menschen von Churchill Town in Lebensgefahr. Raubtiere im weißen Pelz streifen durch ihre Straßen. Auf der Suche nach bequemer Nahrung schlagen sich die Stadtstreicher auf den Müllplätzen der Stadt den Wanst voll. Ganz gefährlich wird es für die Bewohner von Churchill, wenn die „weißen Ungetüme" die Mülltonnen an den Häusern plündern oder gar in ihre Häuser einbrechen. Nach etwa zwei Monaten ist der Spuk vorbei. Mit rußgeschwärztem Fell verlassen die Stadtstreicher die Stadt und die Gegend um Churchill und ziehen sich auf die im Winter zugefrorene Hudson Bay zurück: In Churchill ist die gefürchtete „Eisbär-Saison" zu Ende.

3

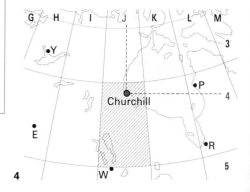

4

4 Lustige Namen und Zungenbrecher: Suche die Namen im Register, und schlage die angegebenen Atlasseiten auf.

Notiere wie folgt:

Name	ist was	liegt wo
Fujiyama	Berg	Japan/Asien
Hanoi		
Popocatépetl		
Mississippi		
Krk		
Brno		

5 Die Abbildung (5) enthält fünf Namen aus aller Welt. Hast du eine Vorstellung, wo die genannten Orte oder Gebiete liegen? Suche sie mit Hilfe des Registers im Atlas, und lege dann folgende Tabelle an:

Ort bzw. Gebiet	Atlas-seite	Feld	Lagebeschreibung
Churchill	106/107	J4	Stadt an der Hudson Bay, unter 10 000 Einwohner, in Manitoba

6 Sven, Alexandra und Ramona haben sich ein Spiel ausgedacht:
Sven hat im Atlas eine Weltkarte aufgeschlagen. Er nennt Alexandra einen möglichst unbekannten Namen (Stadt, Fluß, Gebirge …). Alexandra soll mit Hilfe des Registers möglichst schnell herausfinden, wo das Genannte liegt. Ramona stoppt die Zeit, die Alexandra hierzu benötigt.
Probiert das Spiel einmal aus! Tauscht dabei die Rollen jeweils nach drei Beispielen.

In einem Rätsel ist ein Fluß in Afrika mit fünf Buchstaben gefragt. Du suchst nun im Atlas eine Afrikakarte.

Zum raschen Auffinden von bestimmten Karten bietet der Atlas zwei Hilfen an:
1. Das Inhaltsverzeichnis, auch **Kartenverzeichnis** genannt.
2. Die **Kartenübersicht** oder den Kartenweiser.

Verflixt, wo liegt denn das?

① Singapur
② bei Quito
③ nahe Ayers Rock
④ Galápagosinseln
⑤ auf Florida „Vorsicht, Alligatoren kreuzen!"

1
**Schülerversuch zu
Tag und Nacht**

Drehung und Erwärmung der Erde

Zu Fuß kommst du in einer Stunde fünf oder sechs Kilometer weit. Mit dem Fahrrad schaffst du 20, und mit dem Auto kommst du etwa 100 Kilometer weit. Du glaubst es kaum: mit der Erde fährst du in Deutschland aber in derselben Zeit 1100 Kilometer. Die Erde dreht sich nämlich, und wir Menschen drehen uns dabei mit.

Man bemerkt die Drehbewegung oder **Rotation** jedoch nicht, weil sich die Lufthülle mitdreht. Du kannst die Drehung aber indirekt erkennen, wenn du den Stand der Sonne im Lauf eines Tages beobachtest. Aber nicht die Sonne bewegt sich, sondern die Erde dreht sich um ihre Achse. Durch diese Drehung entstehen Tag und Nacht, Morgen, Mittag und Abend.

Die Schüler einer 5. Klasse haben ein Experiment durchgeführt: Die Sonne wurde durch eine Lampe ersetzt und die Erde durch einen Globus. Den Schulort hatten die Schüler markiert. Dann drehten sie den Globus langsam links herum.

1 Beschreibe anhand von Foto (1) die Entstehung von Tag und Nacht.
2 „Im Osten geht die Sonne auf, im Westen geht sie unter." Überprüfe und erkläre dies.
3 Peter aus Dessau möchte seine Tante in New York anrufen. Wann stört er sie ganz bestimmt: wenn er morgens, mittags oder abends anruft?

2

3

Sonneneinstrahlung auf der Erde

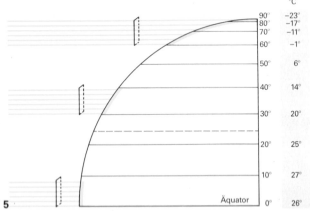

	Durchschnittliche Jahrestemperatur °C
90°	−23°
80°	−17°
70°	−11°
60°	−1°
50°	6°
40°	14°
30°	20°
20°	25°
10°	27°
Äquator 0°	26°

5

Die Sonne spendet der Erde Licht und Wärme. In jeder Sekunde strahlt sie soviel Energie auf die Erde, wie die gesamte Menschheit in einem Jahr verbraucht. Ohne Sonne gäbe es kein Leben auf der Erde!

Zwar strahlt die Sonne eine gleich große Energiemenge in Richtung Erde, erwärmt sie aber nicht gleichmäßig. In den Gebieten beiderseits des Äquators ist es besonders warm und an den Polen sehr kalt.

Um dies zu verstehen, führten die Schüler ein zweites Experiment (3) am Globus durch: ein Strahlenbündel der Sonne wurde auf den Äqua-

tor gerichtet und ein gleich großes auf die Nordhalbkugel. Dieses Experiment erklärt, daß es auf der Erde warme und kalte Zonen gibt.

Die Sonnenstrahlen wärmen dann am meisten, wenn sie möglichst senkrecht auftreffen und nicht schräg oder gar flach. Dies kannst du auch in deiner Umgebung feststellen und sogar an deinem Körper, zum Beispiel, wenn du einen Sonnenbrand im Gesicht hast.

3
Schülerversuch zur Sonneneinstrahlung

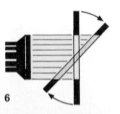

6

Ein Versuch mit der Taschenlampe

4 Erkläre anhand der Abbildungen (3) und (5), warum es auf der Erde warme, gemäßigte und kalte Zonen gibt.

5 Erkläre, warum es mittags wärmer ist als abends und morgens.

6 Führe das Experiment durch, das Abbildung (6) zeigt.
a) Was beobachtest du?
b) Welche Aussage kannst du mit Hilfe des Versuchs veranschaulichen?

7 Fertige zu den Fotos (2) und (4) passende Beschreibungen an.

4

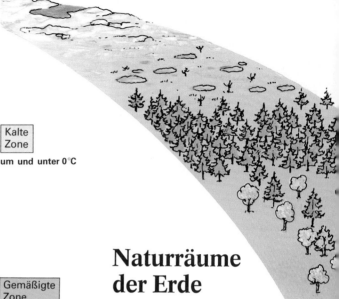

Kalte Zone
um und unter 0°C

Gemäßigte Zone
um 8°C

Naturräume der Erde

Wie man bei uns lebt, das wißt ihr. Doch wie leben die Menschen anderswo – in den von monatelanger Dunkelheit und eisiger Kälte beherrschten Polargebieten, in den glutheißen Wüsten, wo oft jahrelang kein Regen fällt, oder in den feuchtheißen tropischen Regenwäldern am Äquator, wo es fast täglich regnet?

Ein entscheidender Grund für die unterschiedlichen Lebensbedingungen zwischen Pol und Äquator ist das jeweilige Klima, das vom Jahresgang der Temperaturen und Niederschläge geprägt wird. Es läßt sich in Klimadiagrammen darstellen. Aus diesen ist beispielsweise abzulesen, welche natürlichen Voraussetzungen für das Wachstum der Pflanzen oder für das Leben der Tiere und Menschen dort anzutreffen sind. Du kannst also bereits vieles über einen bestimmten Naturraum erfahren, wenn du Klimadiagramme lesen und deuten kannst.

Subtropische Zone, z. B. Wüste
um 18°C

Tropische Zone, z. B. Regenwald
um 25°C

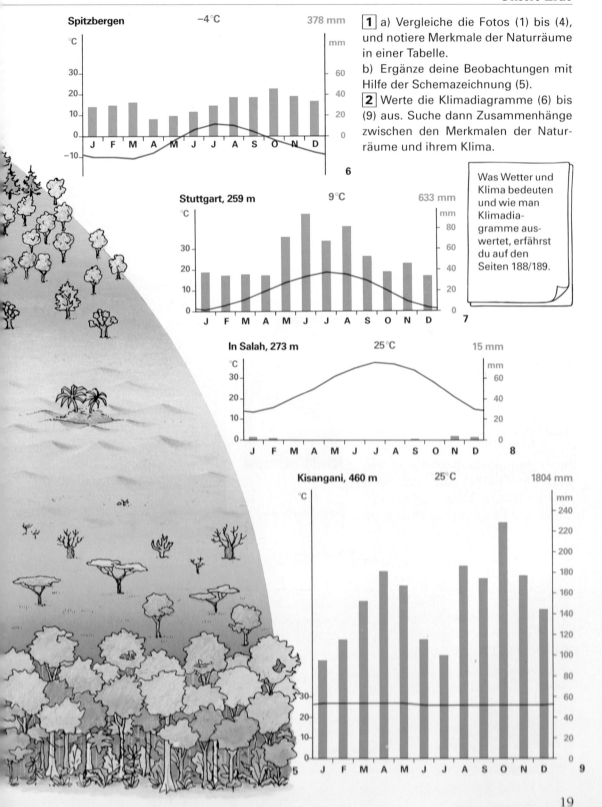

Spitzbergen   −4°C   378 mm

6

Stuttgart, 259 m   9°C   633 mm

7

In Salah, 273 m   25°C   15 mm

8

Kisangani, 460 m   25°C   1804 mm

9

1 a) Vergleiche die Fotos (1) bis (4), und notiere Merkmale der Naturräume in einer Tabelle.

b) Ergänze deine Beobachtungen mit Hilfe der Schemazeichnung (5).

2 Werte die Klimadiagramme (6) bis (9) aus. Suche dann Zusammenhänge zwischen den Merkmalen der Naturräume und ihrem Klima.

Was Wetter und Klima bedeuten und wie man Klimadiagramme auswertet, erfährst du auf den Seiten 188/189.

19

In den Polargebiete

Die Polargebiete gehören zu den lebensfeindlichsten Räumen der Erde.

Die Eiswüsten in Polnähe sind von bis zu 3000 m mächtigen Eismassen überdeckt. Nur an wenigen Stellen ragen Bergspitzen heraus. Menschen leben und arbeiten dort nur zeitweise in Polarstationen, die unter hohem technischem und finanziellem Aufwand betrieben werden. Eisige Sturmwinde, Temperaturen bis −80 °C und die monatelange Dunkelheit stellen höchste Anforderungen an das Durchhaltevermögen. Nicht viel leichter sind die Lebensbedingungen in der Tundra, dem Gebiet am Rande des „ewigen" Eises. Neun Monate Winter lassen keinen Baumwuchs mehr zu. Es wachsen nur noch Zwergsträucher, Flechten, Moose und Kräuter. Auch hier fällt das Thermometer in den dunklen Wintermonaten oft unter −50 °C. Nur im kurzen „Sommer", wenn der tiefgefrorene Boden an

2

3

Polargebiete der Erde

4

der Oberfläche etwas auftaut, erwacht die Tundra zu neuem Leben. Dann finden die Karibu-Herden aus den Wäldern des Südens genügend Nahrung. Und in den eisfreien Gewässern vor der Küste tummeln sich Robben und Seehunde.

Die Menschen der Tundra, die Inuit, hatten ihre Lebensweise diesem Rhythmus der Natur genau angepaßt. Als die Weißen kamen, änderte sich ihr Leben allmählich. Heute wohnen die Inuit statt in Zelten und Iglus in Holz-und Stein-

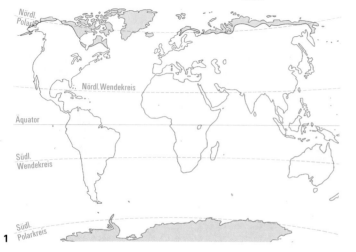

Nördl. Polar...

Nördl. Wendekreis

Äquator

Südl. Wendekreis

Südl. Polarkreis

1

5

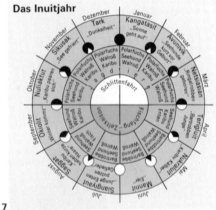

Das Inuitjahr

7

6

Eskimo oder Inuit?

„Viele Weiße kennen nicht einmal unseren richtigen Namen!" So empfängt uns die Lehrerin in einer Inuit-Siedlung in Kanada. „Ihr nennt uns Eskimos. Doch das ist ein indianisches Wort und bedeutet Rohfleischesser. Wir selbst nennen uns Inuit. Das heißt Mensch. Unsere Vorfahren glaubten nämlich, sie seien die einzigen Menschen auf der Erde. Inzwischen wissen wir natürlich, daß dies nicht stimmt. Aber der Name ist geblieben."

4 Eskimo oder Inuit? Für welchen Namen würdest du dich entscheiden?

häusern. Fast jede Familie hat einen Motorschlitten. Aber da es nur noch wenige Tiere zu jagen gibt, müssen sie ihre Lebensmittel im Supermarkt einkaufen. Viele Inuit haben keine Arbeit und sind auf Hilfe der Regierung angewiesen.

1 Nenne die Staaten, die Anteil an der Polarzone haben (Karte 1 und Atlas).

2 Beschreibe anhand der Fotos einige Merkmale der Polargebiete.

3 Werte die Abbildung (7) aus. Wie hat sich das Leben verändert?

4
In Nordkanada
5
In Grönland
6
Inuitschule in Nordkanada
8
Forschungsstation Georg Neumayer in der Antarktis

8

21

**Albvorland
bei Göppingen**

2

In der gemäßigten Zone

Wollpullover und T-Shirt, Anorak und Badehose! Ein Blick in den Kleiderschrank zeigt uns: Wir leben in einem Raum mit ausgeprägten jahreszeitlichen Gegensätzen.

Dies gilt vor allem für die Temperatur. Sie bestimmt das Wachstum der Pflanzen: die Kälteruhe im Winter, den Austrieb der Pflanzen im Früh-

3

**Gemäßigte Gebiete
der Erde**

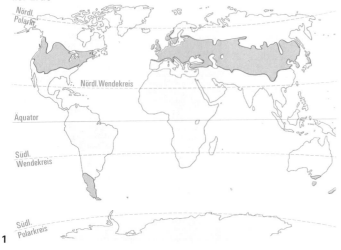

Nördl.
Polarkreis

Nördl. Wendekreis

Äquator

Südl.
Wendekreis

Südl.
Polarkreis

1

jahr, das Wachstum im Sommer und den Blattfall im Herbst. Der Regen ist dagegen bei uns gleichmäßiger über das Jahr verteilt.

Wegen der günstigen klimatischen Bedingungen wurde die gemäßigte Zone frühzeitig besiedelt. Anstelle der ehemaligen Laub- und Mischwälder finden sich dort heute Städte, Dörfer, Äcker, Wiesen und Weiden.

Innerhalb der gemäßigten Zone gibt es allerdings deutliche Unterschiede. In Meeresnähe herrschen

Im Schwarzwald

4

5

Niederschläge reichen hier nicht mehr für Baumwuchs aus. Einige dieser Steppen zählen heute zu den Kornkammern der Erde.

1 Welche Kontinente haben einen großen Anteil an der gemäßigten Zone (Karte 1 und Atlas)?

2 Notiere mit Hilfe der Fotos (2), (4) und (6) einige Merkmale der gemäßigten Zone.

3 Erläutere die Unterschiede zwischen den Fotos (3) und (5). Achte dabei vor allem auf die Vegetation.

2
In Wales
5
Im Hochland von Anatolien

Mannheim

milde Winter und kühle, niederschlagsreiche Sommer vor. Je weiter man ins Innere der Kontinente vorstößt, desto kälter wird der Winter und desto wärmer und niederschlagsärmer der Sommer.

Zur gemäßigten Zone gehören auch die winterkalten Steppen, wie zum Beispiel die nordamerikanische Prärie oder der Norden Kasachstans. Diese von Natur aus waldfreien Grasländer sind durch kalte Winter und warme Sommer gekennzeichnet. Die unregelmäßig fallenden

6

1

Targi im Hoggar-Gebirge

4

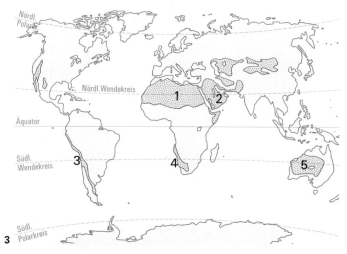

2

Auch hier wachsen Pflanzen: Wüsten-hyazinthe

Wüsten der Erde

Nördl. Polar...

Nördl. Wendekreis

1

2

Äquator

3

4

5

Südl. Wendekreis

Südl. Polarkreis

3

In der Wüste

Die Wüste hat viele Gesichter. Manche stellen sie sich als ein Meer von Sanddünen vor. Doch Sandwüsten nehmen nur ein Fünftel der Fläche aller Wüsten ein. Noch geringer ist der Anteil der Kies- und Salzwüsten. Die häufigsten und vom Menschen am meisten gefürchteten sind die Fels- und Steinwüsten. Hier ist das Vorwärtskommen besonders schwierig, und Wasser gibt es viel seltener als in den Sandwüsten, wo es oft nahe der Oberfläche vorkommt.

„Bahr bela ma" – Meer ohne Wasser, so nennen die Araber die Wüste. Hier ist es das ganze Jahr über heiß und trocken. Im Sommer erreichen die Tagestemperaturen bei meist wolkenlosem Himmel 50 bis 55 °C – und dies „im Schatten"! Sand und Gestein werden sogar bis auf 70 °C erhitzt. Im Winter können die Temperaturen dagegen nachts bis unter den Gefrierpunkt absinken.

Oft regnet es jahrelang überhaupt nicht. Oder es regnet für Stunden so viel, daß das Wasser gar nicht in den Boden eindringen kann. Dann fließt es mit großer Gewalt durch die Wadis, die Trockentäler der Wüste. Wehe dem, der sich vor einer solchen unvorhersehbaren Flut nicht rechtzeitig retten kann.

Vom Wasser hängt alles Leben ab. Die wenigen Pflanzen und Tiere sind wahre Überlebenskünstler. Sie haben sich ganz an die Hitze und die Trockenheit angepaßt.

24

5

6

Wasser für die Palmengärten liefern, sind die Wüstengebiete dünn besiedelt. Nur dort, wo es große Flüsse gibt, nimmt die Bevölkerungsdichte zu, so zum Beispiel im Niltal.

Außerhalb der Oasen lebten früher die Nomaden. Sie zogen als Wanderhirten mit ihren Kamelherden von Wasserloch zu Wasserloch, von Weide zu Weide. Heute sind sie weitgehend in Oasen seßhaft geworden oder in die Städte abgewandert. Seitdem man Erdöl, Erz und andere Bodenschätze in den Wüsten gefunden hat, ist dort eine neue Zeit angebrochen …

1 Benenne die in der Karte (3) eingetragenen Wüsten (Atlasarbeit).
2 Beschreibe die Merkmale der Fels- und Steinwüste (Foto 4) und der Sandwüste (Foto 5).
3 Zeige den Zusammenhang zwischen Klima und Vegetation. Nutze auch das Klimadiagramm (8) auf S. 19.
4 Vor 40 Jahren gab es in Abu Dhabi, der Hauptstadt der Vereinigten Emirate, nur zwei Gebäude aus Stein und einige Strohhütten. Doch dann wurde Erdöl gefunden. Vergleich mit heute (Foto 7).

Der Mensch kann auf Dauer nur dort überleben, wo er genügend Grundwasser findet: in den Oasen. Sie liegen wie grüne Inseln inmitten dieses „Wüstenmeeres". Und nur wer tagelang in der Gluthitze der Wüste unterwegs war begreift, was die Ankunft in einer Oase bedeutet: eben noch gleißende Helligkeit, Durst und Einsamkeit, nun schattenspendende Palmen, Wasser, Menschen …
Doch weil die Brunnen und Quellen den Oasenbauern nur begrenzt

7

25

Im tropischen Regenwald

1
Yanomami-Indianer im Amazonasgebiet

Brettwurzel

2
Tropische Regenwälder der Erde

4

3

5

Nirgendwo auf der Erde sprießt die Vegetation so üppig wie in den tropischen Regenwäldern beiderseits des Äquators. Dort, wo es das ganze Jahr über sehr viel regnet und die Temperaturen Monat für Monat um 25 °C liegen, gibt es keine Jahreszeiten wie bei uns.

In diesem Treibhausklima wachsen die Pflanzen ununterbrochen. Die Wälder sind immergrün. Fortwährend fällt das Laub und erneuert sich. Neben einem kahlen Baum steht ein anderer in Blüte, ein dritter trägt gerade Früchte. Nirgendwo sonst auf der Erde gibt es eine solche Vielfalt an Lebewesen. So sind etwa eineinhalb Millionen verschiedene Pflanzen und Tiere, das sind die Hälfte aller bekannten Arten, im tropischen Regenwald beheimatet. Dieser Wald liefert unentbehrliche Rohstoffe, Früchte und Nahrungsmittel. Er ist „die größte Apotheke der Erde", eine Schatzkammer für die Medizin, die unzählige Arznei-

mittel aus seinen Pflanzen herstellen kann. Er ist aber darüber hinaus von unschätzbarem Wert für das weltweite Klima.

Ursprünglich lebten nur wenige Menschen in den tropischen Regenwäldern: als Jäger und Sammler oder als Bauern, die einen der Natur

Doch diese behutsame Waldnutzung ist längst vorüber. Täglich gehen heute riesige Waldflächen in Flammen auf. Überall werden Straßen gebaut, Edelhölzer gefällt und Bodenschätze ausgebeutet. Der Wald wird für Acker- und Weideland oder für ausgedehnte Plantagen gerodet. Ureinwohner müssen dann aus ihren Lebensräumen weichen und sind vielfach von der Ausrottung bedroht. Schon wird besorgt gefragt, wie lange es wohl den tropischen Regenwald noch geben wird.

1 Karte (3): In welchen Kontinenten liegen die tropischen Regenwälder?
2 Suche die in Karte (3) markierten Regenwaldgebiete im Atlas, und benenne sie.
3 Beschreibe anhand der Fotos einige Merkmale des Regenwaldes.
4 Welche Folgen hat die Brandrodung (Foto 5)?
5 Sammle selbst Informationen über die Gefährdung und Zerstörung der tropischen Regenwälder (Zeitung, Illustrierte usw.).

angepaßten Brandrodungs-Wanderfeldbau betrieben. Nach dem Schlagen und Abbrennen der Bäume wurden die kleinen Felder nur für kurze Zeit genutzt. Dann zogen die Bauern weiter, und der Wald konnte sich wieder erholen.

5
Brandrodung
6
Ölpalmenplantage
7
Orang Utan
8
Blühende Liane
9
Bananengewächs
10
Frosch

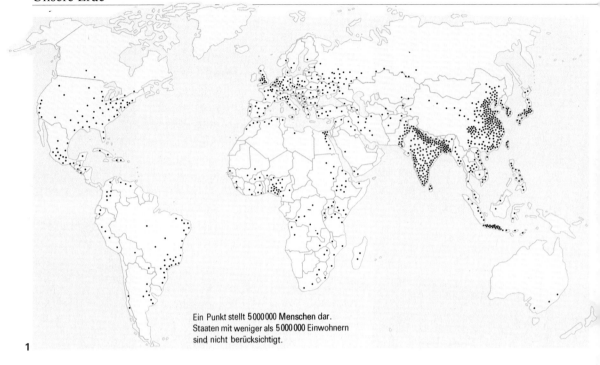

Ein Punkt stellt 5 000 000 Menschen dar.
Staaten mit weniger als 5 000 000 Einwohnern
sind nicht berücksichtigt.

1

Völker der Erde

Über fünf Milliarden Menschen leben heute auf der Erde. Sie gehören den verschiedensten Völkern an. Sie sprechen unterschiedliche Sprachen. Sie haben eine eigene Religion und Geschichte, und auch in ihrer Lebensweise gibt es viele Besonderheiten.

Bei all diesen Unterschieden ist ein Zusammenleben der Völker nur möglich, wenn die Menschen einander in ihrer Verschiedenheit anerkennen. „Alle Menschen sind gleich. Nur ihre Gewohnheiten sind verschieden", sagte schon vor über 2500 Jahren der chinesische Gelehrte Konfuzius. Besonders wichtig ist, daß niemand wegen seiner Rasse oder Kultur benachteiligt wird. Denn diese sagt nichts über den Wert und Charakter eines Menschen aus. Wo die Achtung gegen-

über den Gewohnheiten fremder Menschen oder ganzer Völker fehlt, kommt es zu Konflikten, oft sogar zu Krieg und Vertreibung.

1 Die Fotos zeigen Menschen aus Tunesien (2), Indonesien (3), Ecuador (4), Tibet (5), China (6), Guatemala (7), den Vereinigten Arabischen Emiraten (8), Papua-Neuguinea (9), Südafrika (10) und Thailand (11). Da gibt es viel zu entdecken!

2 Suche die Herkunftsländer im Atlas, und ordne sie nach Kontinenten.

3 Arbeite mit der Karte (1):
a) In welchem Kontinent leben die meisten, in welchem die wenigsten Menschen?
b) Notiere für jeden Kontinent den Staat mit der größten Bevölkerungszahl.

4 Stellt in der Klasse selbst eine Weltkarte her, und gestaltet sie mit Informationen und Bildern über die Völker der Erde.

Völker
Menschengruppen mit gemeinsamer Geschichte und einheitlicher Kultur

Kulturelle Merkmale
sind erworben, von außen aufgeprägt. Beispiele: Lebensweise, Sprache, Wesen, Können, Glauben

Rassen
Menschengruppen mit gleicher Abstammung und gemeinsamen körperlichen Merkmalen

Rassenmerkmale
sind angeboren und unbeeinflußbar. Beispiele: Hautfarbe, Haare, Größe, Körperbau

Moschee

Chinesischer Tempel

Indischer Tempel

**Von 100 Einwohnern
in Malaysia sind**

Malaien
(Moslems)

60

Chinesen
(vor allem
Buddhisten)

31

Urbewohner
(Christen,
Natur-
religionen)

Inder
(vor allem
Hindus)

8

1

Viele Völker,
ein Staat: Malaysia

Wie vielfältig das Mit- und Nebeneinander verschiedener Völker in einem Land sein kann, zeigt der Staat Malaysia. Seine 17 Millionen Einwohner gehören sehr unterschiedlichen Völkern an. Malaien, Chinesen und Inder, aber auch die Angehörigen der Urbevölkerung haben ihre eigenen Sitten und Gebräuche, ihre eigene Religion und Sprache. Englisch und die Amtssprache Malaiisch sind oft die einzige Möglichkeit, sich zu verständigen.

Unterschiede zeigen sich auch in räumlicher und wirtschaftlicher Hinsicht:

Die Chinesen wohnen überwiegend in den Städten und steuern von dort Handel, Gewerbe und Verkehr.

Die Malaien lebten ursprünglich als Reisbauern oder Fischer vor allem auf dem Lande. Inzwischen sind viele in die Städte gezogen. Hier sind sie die wichtigste Gruppe in der Verwaltung und anderen Dienstleistungen, gewinnen aber auch in der früher von den Chinesen beherrschten Industrie an Einfluß.

Die Inder, zunächst als Plantagenarbeiter oder beim Straßen- und Eisenbahnbau beschäftigt, sind heute ebenfalls in wichtigen städtischen Berufen anzutreffen.

Die Urbevölkerung durchstreifte bis vor wenigen Jahrzehnten als Dschungelnomaden den Regenwald oder betrieb dort Wanderfeldbau. Heute sind die meisten von ihnen seßhaft geworden.

Das friedliche Zusammenleben der vielen Völker in einem Staat ist

1990 ~Tahun Melawat MALAYSIA
Pelancongan Berjaya ... R

2

nicht immer einfach. Es kann nur gelingen, wenn die „Einheit in der Vielfalt" bewahrt wird.

3

4

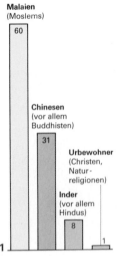

1 Notiere in Stichworten, was die Fotos (3) bis (6) sowie der Text und die Grafik (1) auf Seite 30 über die Völker Malysias aussagen.

5

6

Was wir beim Umgang mit Asiaten bedenken sollten:

- Berühre oder streichle nie den Kopf eines Kindes! Dieser ist Sitz seiner geistigen und seelischen Kräfte und gilt als heilig.

- Geschenke überreicht man nie beim ersten Besuch. Das wäre ein Zeichen dafür, daß man sich Freundschaft erkaufen will. Außerdem müssen Geschenke immer in gerader Anzahl gegeben werden. „Das Glück ist als Zwilling geboren", sagen die Chinesen.

- Wer gegenüber Asiaten zu laut spricht oder gar schreit, verliert „sein Gesicht", sein Ansehen.

- Sprich nie über persönliche Angelegenheiten. Bei uns gilt dies als Zeichen von Freundschaft und Vertrauen, in Asien als Zeichen von Schwäche. Wer sich „öffnet", dem kann man nicht vertrauen. Er verrät Geheimnisse, sogar die eigenen.

7

2 Welche Botschaft will das Plakat (2) vermitteln?

3 Der Umgang mit Fremden erfordert viel Verständnis und Einfühlungsvermögen. Lies die Aussagen (7). Überlege dann, ob du ähnliche Beispiele aus eigener Erfahrung kennst.

4 Nehmt Stellung zu den Äußerungen in Abbildung (8). Welche Folgerungen sind daraus zu ziehen?

Wie uns die anderen sehen: der Europäer

hat nur zwei Kinder

er singt und lacht selten: ein kleiner Kasten singt für ihn

geht kaum zu Fuß, fährt nur im Auto überall hin

hat immer eine Krawatte um

lebt in Städten ohne Bäume, Blumen und Gras

macht von allem, was er sieht, bunte Bilder

braucht nicht zu arbeiten, kauft das Essen im Geschäft

hat viel Geld

lebt in Häusern mit festen Dächern, weil immer Schnee fällt

hat es immer eilig

8

1 Findest du die Grundbegriffe in Abbildung (1)?

A Von Osten nach Westen verlaufende Netzlinien heißen …

B Von Norden nach Süden verlaufende Netzlinien heißen … oder …

C Beide Linienarten zusammen ergeben das …

D Der längste Breitenkreis heißt …

E Der Längenhalbkreis, der durch Greenwich bei London verläuft, heißt …

F Der nördlichste Punkt der Erde heißt …

G Sein gegenüberliegender Punkt heißt …

H Die gedachte Drehachse durch den Erdmittelpunkt heißt …

2 Abbildung (1): Gib die Lage im Gradnetz für die Städte Oslo, St. Petersburg, Kairo und Durban an.

3 Welche Position hat das Schiff X?

4 Kennst du die drei größten Inseln der Erde? Ihre Namen kannst du mit Hilfe der Tiere finden, die jeweils dort heimisch sind (Abbildung 2).

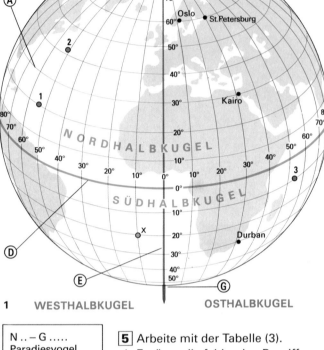

1   WESTHALBKUGEL   OSTHALBKUGEL

Grundbegriffe

Äquator	Legende
Atlas	Meridian
Breitenkreis	Nordpol
Erdachse	Nullmeridian
Globus	Ozeane
Gradnetz	Register
Karte	Rotation
Kontinent	Südpol
Längenhalbkreis	Völker

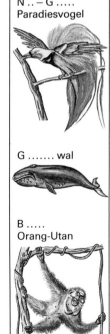

N .. – G .....
Paradiesvogel

G .... wal

B .....
Orang-Utan

2

5 Arbeite mit der Tabelle (3).

a) Ergänze die fehlenden Begriffe.

b) Übertrage die Tabelle als Merkhilfe in dein Heft. Bringe dabei die Zonen in die richtige Reihenfolge (vom Pol zum Äquator).

c) Beschreibe die Fotos (4), (6) und (8) unter dem Thema: Leben und Wohnen in verschiedenen Räumen. Natürlich kannst du dabei auch die Materialien und Informationen auf den vorangehenden Seiten des Kapitels zu Hilfe nehmen.

d) Ordne nun die Fotos der Tabelle (3) und der Karte (7) zu.

e) In welchen Gebieten wurden die Fotos aufgenommen? Nutze den Atlas.

f) Lies und ergänze die Informationen im Kasten (5).

6 Arbeite mit der Karte (7).

a) Bestimme die Ozeane a – c.

b) Bestimme die Kontinente 1 – 5.

Zone	Klima		Vegetation
	Temperatur	Niederschlag	
?	stets niedrig; sehr flacher Einfallswinkel der Sonnenstrahlen	meist gering	**?**
?	stets hoch; sehr steiler Einfallswinkel der Sonnenstrahlen	während des ganzen Jahres	**?**
?	nach Jahreszeiten wechselnd	meist während des ganzen Jahres	Laubwälder; Mischwälder; in der Steppe vor allem Gräser
?	sehr hoch; im Sommer steiler Einfallswinkel der Sonnenstrahlen	sehr gering	**?**

3

6

4

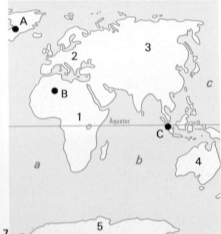

7

Kaum zu glauben
a) Ein Arbeiter, der in ... acht Stunden lang schwer arbeitet, verliert 10 bis 15 Liter Flüssigkeit. Er muß täglich dieselbe Menge trinken, um gesund zu bleiben.
b) Auf einem Waldstück von 100 m Länge und Breite wachsen über 200 Baumarten. Dies ist typisch für ...
c) Es gibt einen Kontinent, die ..., der ist größer als Europa – und gehört doch niemandem! Hier liegt der ..., ein Punkt, von dem jeder Weg nach Norden führt.

5

8

3

4

Deutschland im Überblick

So vielfältig ist Deutschland. Vier Postkarten aus Dannys Sammlung zeigen es.
Ein Vorschlag: Bringt von zu Hause ähnliche Ansichtskarten mit. Hängt eine große Wandkarte von Deutschland auf, und heftet die Ansichtskarten an die richtigen Stellen. Berichtet dann, woher die Karten kommen.

großen Tälern, und einige Berge werden im Tunnel durchfahren. Zwischen Nürnberg und Augsburg überquert der ICE am Nachmittag die Donau. Nun geht die Fahrt durch eine andere Landschaft – das **Alpenvorland**.

Von München führt die Reise weiter am Starnberger See vorbei. In der Ferne tauchen schon die hohen Gipfel der Alpen auf. Wuchtig überragt das **Hochgebirge** Garmisch-Partenkirchen. Die Kinder sehen zum ersten Mal Deutschlands höchsten Berg, die Zugspitze.

Vom Meer zu den Alpen

Hamburg Hauptbahnhof, 10.02 Uhr: Ein Pfiff – und der ICE „Steigerwald" kommt ins Rollen. Mit ihm reist Familie Sontheimer in den Urlaub. Die beiden Kinder schauen aus dem Fenster. Mit einer Geschwindigkeit bis zu 250 Kilometern pro Stunde rast der ICE durch das flache **Tiefland**. Nach Hannover erreicht der Zug das **Mittelgebirge**. Dort ist die Landschaft viel abwechslungsreicher. Die Eisenbahnstrecke folgt

IC = InterCity
ICE = InterCity-
Express, Hochgeschwindigkeitszug

1 a) Verfolge die Strecke des ICE „Steigerwald" (2) in Karte (7) und im Atlas.
b) Nenne die Großlandschaften, die der Zug durchfährt.

2 a) Beschreibe die Fotos (3) bis (6). Benutze dabei Begriffe wie: tief, hoch, eben, steil, flach, kahl, bewaldet, abgerundet; Grünland, Ackerland, Wald, Felsen u. a.
b) Ordne die Fotos (1) und (3) bis (6) den Großlandschaften zu.

Zuglauf des ICE „Steigerwald"

Ankunft	Bahnhof
9.58	Hamburg
	178 ↓ km
11.15	Hannover
	99 ↓ km
11.59	Göttingen
	45 ↓ km
12.21	Kassel
	90 ↓ km
12.52	Fulda
	93 ↓ km
13.25	Würzburg
	102 ↓ km
14.23	Nürnberg
	138 ↓ km
15.31	Augsburg
	62 ↓ km
16.05	München
	101 ↓ km
17.26	Garmisch-Partenkirchen

3 a) Bestimme Dauer und Strecken-länge der Reise der Sontheimers.
b) Ermittle die Luftlinienentfernung Hamburg–Garmisch-Partenkirchen im Atlas. Vergleiche.
4 a) Zeichne eine 8 cm lange Entfer-nungsleiste wie folgt:

HH   GAP

b) Unterteile diese mit Hilfe der Karte (7) in vier Abschnitte.
c) Färbe die Teile entsprechend an.
5 a) Wie hoch ist die Zugspitze?
b) Vergleiche mit der Höhe des höch-sten Berges in deinem Bundesland.

6

Großlandschaften in Deutschland

5

7

1 Atlas und Pergamentpapier

2 Gewässer

Wir zeichnen eine Kartenskizze

Was du alles benötigst

Transparentpapier

Büroklammer

Buntstifte

Wenn du lange genug eine Karte betrachtest, kannst du dir das Kartenbild auch blind vorstellen. Solche „Karten in deinem Kopf" sind sehr vereinfacht. Du prägst dir nur das Wesentliche der komplizierten Karte ein. So kommst du zu einer **Merkkarte.** Durch das Anfertigen einer **Kartenskizze** prägst du dir solche Merkkarten leichter ein.

In fünf Arbeitsschritten zeichnest du mit einfachen Mitteln eine Kartenskizze. Die Abbildungen (2) bis (4) zeigen, wie eine solche von Sachsen-Anhalt angefertigt wird:

1. Suche im Atlas die Landschaftskarte von Deutschland. Lege Transparentpapier auf, und hefte dieses mit Büroklammern fest. Zeichne auf dieses zunächst einen rechteckigen Rahmen, der den Kartenausschnitt deiner Skizze begrenzt.

2. Nun zeichne das Flußnetz mit einem blauen Farbstift nach. Dabei kannst du großzügig den wichtigsten Flußläufen folgen. Die vielen Flußbiegungen zum Beispiel werden einfach begradigt.

3. Wähle für Gebirge einen braunen Farbstift, und markiere damit wichtige Gebirgszüge.

4. Zeichne mit einem roten Farbstift die Landesgrenzen und die Städte. Am besten wählst du nur die größten Städte. Selbstverständlich kannst du auch deinen Heimatort einzeichnen.

5. Bis jetzt hast du eine Karte erstellt, die „stumm" ist. „Stadt, Land und Fluß" sind noch ohne Namen. Willst du die Karte zum „Sprechen" bringen, überträgst du die Namen

38

3

4

Gewässer und Gebirge

aus dem Atlas mit einem schwarzen Farbstift in die Zeichnung. Für die Flußnamen benutze einen blauen Farbstift.

Damit ist deine Kartenskizze von Sachsen-Anhalt fertig. Sie hilft dir, deine **Topographie**-Kenntnisse zu festigen.

1 Fertige eine Merkkarte von deiner Heimatlandschaft oder deinem Heimatkreis an, indem du eine Atlaskarte mit einem größeren Maßstab zugrunde legst.

2 Ähnlich wie die abgebildete Kartenskizze von Sachsen-Anhalt kannst du eine Merkkarte von Deutschland anfertigen. Dabei genügt es, die Küstenlinie, Gewässer, Grenzen und Städte über 500 000 Einwohner einzuzeichnen.

3 Schreibe die Tabelle in dein Heft, und ergänze die fehlenden Angaben:

heißt wie	ist was	liegt wo
Magde-burg	?	?
	größter Binnen-hafen	am Rhein
Zugspitze	?	?
?	größter Seehafen Deutschlands	?
?	größter See Deutschlands	Nordrand der Alpen

4 Löse folgende Topographie-Rätsel. Benutze dazu eine Weltkarte im Atlas:

... liegt am Amazonas mitten im Tropischen Regenwald Brasiliens und ist eine Großstadt.

... liegt in Japan und ist ein Vulkan.

... fließt durch weite Teile Afrikas und ist der längste Fluß der Erde.

Gewässer, Gebirge, Städte, Grenzen und Namen

Topographische Kenntnisse sind das Merkwissen zu

Name – heißt wie?
Merkmal – ist was?
Lage – liegt wo?

Beispiel:
heißt **wie**?
Magdeburg
ist **was**?
Landeshauptstadt
liegt **wo**?
Elbe

Lernregel:
Beim Topographielernen merkst du dir die Namen in einem Sachzusammenhang.

Deutschland – früher und heute

Deutschland ist ein Bundesstaat, der 16 **Bundesländer** umfaßt. In dieser Form besteht unser Staat jedoch erst seit 1990.

Bis 1945 trug Deutschland den Namen „Deutsches Reich". Dann, nach Beendigung des Zweiten Weltkrieges, mußte Deutschland Gebiete im Osten an Polen und die frühere Sowjetunion abtreten. Das übrige Gebiet teilten die Siegermächte in vier Besatzungszonen ein.

Im Jahre 1949 ging aus der amerikanischen, britischen und französischen Besatzungszone die Bundesrepublik Deutschland mit Berlin (West) und der Hauptstadt Bonn hervor. Zur gleichen Zeit entstand aus der sowjetischen Besatzungszone die Deutsche Demokratische Republik mit der Hauptstadt Berlin (Ost).

Nach über 40 Jahren der Trennung konnten sich die beiden deutschen Staaten 1990 wiedervereinigen. Berlin ist jetzt die Hauptstadt.

Deutschland 1949 bis 1990

BUNDES-

REPUBLIK

DEUTSCHLAND

Berlin (West) (Ost)

Deutsche Demokratische Republik

Das Saarland kam erst 1957 zur Bundesrepublik Deutschland.

1

1 Schreibe die Namen der 16 Bundesländer mit ihren Hauptstädten auf.

2 Vergleiche anhand des Diagramms (2) dein Bundesland mit den anderen Bundesländern:

a) Welchen Rang nimmt es bezüglich Fläche und Bevölkerungszahl ein?

b) Nenne Bundesländer, deren Fläche etwa gleich groß ist.

c) Vergeiche die Einwohnerzahl mit derjenigen von Baden-Württemberg und Nordrhein-Westfalen.

3 Vergleiche auch Berlin mit anderen Bundesländern.

Fläche und Einwohner der Bundesländer 1990

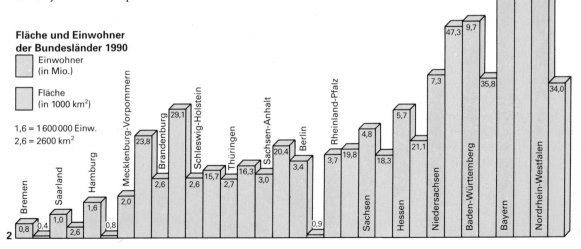

- Einwohner (in Mio.)
- Fläche (in 1000 km²)

1,6 = 1 600 000 Einw.
2,6 = 2600 km²

Bremen: 0,8 / 0,4
Saarland: 1,0 / 2,6
Hamburg: 1,6 / 0,8
Mecklenburg-Vorpommern: 2,0 / 23,8
Brandenburg: 2,6 / 29,1
Schleswig-Holstein: 2,6 / 15,7
Thüringen: 2,7 / 16,3
Sachsen-Anhalt: 3,0 / 20,4
Berlin: 3,4 / 0,9
Rheinland-Pfalz: 3,7 / 19,8
Sachsen: 4,8 / 18,3
Hessen: 5,7 / 21,1
Niedersachsen: 7,3 / 47,3
Baden-Württemberg: 9,7 / 35,8
Bayern: 11,3 / 70,6
Nordrhein-Westfalen: 17,2 / 34,0

2

Nordsee

Ostsee

Schleswig-

Holstein

Hamburg

Bremen

Niedersachsen

Mecklenburg-
Vorpommern

Nordrhein-

Westfalen

Hessen

Rheinland-

Pfalz

Saarland

Baden-

Württemberg

Bayern

Brandenburg

Sachsen-
Anhalt

Sachsen

Thüringen

Berlin

Helgoland

Nord-
Ostsee-
Kanal

Kiel

Hamburg

Bremen

Schwerin

Müritz

Havel

Hannover

Mittelland-
kanal

Braunschweig

Weser

Magdeburg

Potsdam   Berlin

Oder

Oder

Spree

Neiße

Münster   Bielefeld

Duisburg
Gk Bo Dortmund
Mönchen-   E
gladbach   Wuppertal
Düsseldorf

Ruhr

Halle

Leipzig

Köln

Bonn

Lahn

Erfurt

Thüringen

Werra

Dresden

Chemnitz

Elbe

Wiesbaden   Frankfurt
(Main)

Mainz

Mosel

Main

Main-
Donau-
Kanal

Nürnberg

Saarbrücken

Mannheim

Rhein

Altmühl

Baden-

Karlsruhe   Stuttgart

Neckar

Isar

Donau

Augsburg

München

Inn

 🔲 Berlin — Hauptstadt der
Bundesrepublik
Deutschland

Bonn — Regierungssitz der
Bundesrepublik
Deutschland

 ⊚ Hauptstädte
der Bundesländer

 O Städte über
250 000 Einw.

Abkürzungen
Bo. = Bochum
E. = Essen
Gk. = Gelsenkirchen

Donau

Iller

Lech

Bodensee

3

DK

NL

B

L

F

CH

PL

CZ

A

0   100
        km

1

**Berlin,
3. Oktober 1990**

Hauptstadt Berlin

Daten zur Geschichte Berlins

1237 erste Erwähnung der Stadt
1470 Hauptstadt der brandenburgischen Kurfürsten
1709 Hauptstadt des Königreichs Preußen
1871 Hauptstadt Deutschlands
1945 Teilung der Stadt unter den Siegermächten des Zweiten Weltkrieges in vier Teile
1949 Teilung Deutschlands: Entstehung zweier deutscher Staaten
1961 Mauerbau am 13. August
1989 Überwindung der Teilung durch Öffnung der Grenzübergänge am 9. November
1990 Wiedervereinigung Deutschlands und Berlins am 3. Oktober
1991 Bundestagsbeschluß: Berlin wird deutsche Hauptstadt

War das ein Freudenfest am 3. Oktober 1990. Die Berliner feierten die Wiedervereinigung Deutschlands und vor allem ihrer Stadt.

Über 40 Jahre lang war diese durch Stacheldraht und Mauer in zwei Teile gespalten: Der Ostteil war Hauptstadt der ehemaligen DDR und gehörte der kommunistischen Staatengemeinschaft an, der Westteil hingegen war der Bundesrepublik angegliedert. Nun sind die beiden Stadtteile Berlins wiedervereinigt. Doch die lange Zeit der Trennung hinterließ ihre Spuren. Aus dem alten Berlin waren zwei selbständige Städte geworden. In jeder hatten sich eigene Geschäftszentren, Zentren der Verwaltung, der Wissenschaft und der Kultur gebildet.

Ostberlin und Westberlin müssen also erst wieder zusammenwachsen und die Menschen, die zwei unterschiedlichen Gesellschaftssystemen angehörten, zueinanderfinden. Es ist für die Stadtplaner eine große Herausforderung, die beiden Stadtteile zusammenzuführen und Berlin zur **Bundeshauptstadt** auszubauen. Hierzu müssen viele neue Wohnungen und Verwaltungsgebäude errichtet werden.

Die wechselvolle Geschichte Berlins könnt ihr am besten am Beispiel des Potsdamer Platzes nachvollziehen. Einst galt dieser als der verkehrsreichste Platz in Europa, bis er durch Krieg und Mauerbau völlig verödete. Nun entsteht dort ein neues Stadtzentrum mit einem großen Dienstleistungszentrum, das von einer Grünzone umsäumt sein wird. Es soll zu einem lebendigen Bindeglied der vereinigten Stadtteile werden.

1 Atlasarbeit:
a) Beschreibe die **Verkehrslage** Berlins in Deutschland.
b) Welche Autobahnen und Eisenbahnstrecken führen nach Berlin?

2 Die Fotos (4) bis (6) zeigen die wechselvolle Geschichte Berlins sehr anschaulich.
a) Gib mit Hilfe des Textes zu jedem Foto eine Erklärung.
b) Suche den Potsdamer Platz in der Karte (1) auf Seite 44/45.

3 40 Jahre Trennung in Ost und West haben dazu geführt, daß viele Einrichtungen doppelt entstanden sind. Erläutere die Grafik (2).

4 Nenne Merkmale einer Hauptstadt mit Hilfe des Informationstextes (3).

**Berlin
vor 1945**

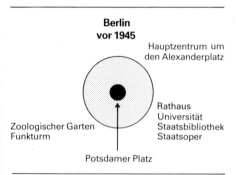

Hauptzentrum um
den Alexanderplatz

Zoologischer Garten
Funkturm

Rathaus
Universität
Staatsbibliothek
Staatsoper

Potsdamer Platz

Berlin (West)   **Berlin (Ost)**
1945 bis 1990

Hauptzentrum um
den Bahnhof Zoo

Hauptzentrum um
den Alexanderplatz

Rathaus
Schöneberg
Freie Universität
Staatsbibliothek
Deutsche Oper
Zoologischer Garten
Funkturm

Rathaus
Humboldt-
Universität
Staatsbibliothek
Staatsoper
Tierpark
Fernsehturm

Mauer
Potsdamer Platz

**Berlin
nach 1990**

Hauptzentrum um
den Bahnhof Zoo

Hauptzentrum um
den Alexanderplatz

Freie Universität
Deutsche Oper
Zoologischer Garten
Funkturm

Rathaus
Humboldt-
Universität
Staatsbibliothek
Staatsoper
Tierpark
Fernsehturm

Potsdamer Platz

2

Bundeshauptstadt

In einer Hauptstadt befinden sich
in der Regel das Parlament und die
Regierung eines Staates sowie
noch weitere Einrichtungen.

Für Berlin sind vorgesehen:
- Sitz des Bundestages im Reichs-
  tagsgebäude
- Sitz des Bundespräsidenten im
  Schloß Bellevue
- Sitz der Bundesregierung mit
  den meisten Ministerien
- Bundesverwaltungen mit zahlrei-
  chen Beamten und Angestellten.

3

4

5

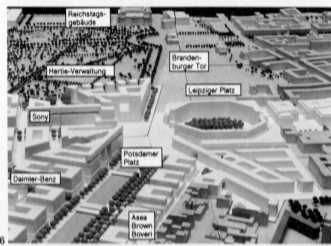

6

43

Ein Bummel durch Berlin

Berlin ist eine Reise wert. Das konnten die Schülerinnen und Schüler einer Kölner Realschulklasse feststellen, als sie ihre Partnerschule in Berlin besuchten.

Sie wurden von Lehrern und älteren Schülern durch die Stadt geführt. Der Bummel begann auf dem Alexanderplatz: „Der ‚Alex‘, wie wir Berliner den Alexanderplatz nennen, ist das Zentrum des Ostteils der Stadt. Die Weltzeituhr ist ein beliebter Treffpunkt der Berliner. Wir gehen jetzt nach Westen zum Rathaus. Dabei kommen wir am 365 m hohen Fernsehturm vorbei.“

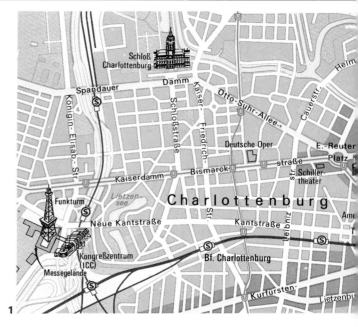

Vor einem roten Backsteingebäude erklärte ein Schüler: „Hier, im Roten Rathaus, ist der Sitz des Regierenden Bürgermeisters. Dahinter liegt das im Krieg zerstörte und vor einigen Jahren wiederaufgebaute Nikolaiviertel. Wir wollen es uns ansehen. Vor über 750 Jahren ist dort Berlin gegründet worden. Jenseits der Spree seht ihr den Palast der Republik mit seinen verspiegelten Glasscheiben. Er wurde von der ehemaligen DDR gebaut – und zwar anstelle des alten Königsschlosses, das im Zweiten Weltkrieg schwer beschädigt worden war. Anschließend bummeln wir über Berlins Prachtstraße ‚Unter den Linden‘ und gehen zum Gendarmenmarkt, einem der schönsten Plätze Europas.“

Auf dem Turm des Französischen Doms ergriff ein anderer Schüler das Wort: „Ihr erkennt gewiß einige Bauwerke wieder, an denen wir vorbeigegangen sind. Besonders gut

Schloß
Charlottenburg

Reichstagsgebäude

könnt ihr die gewaltige Kuppel des Berliner Doms sehen und links davon die bekannte Museumsinsel. Von der Straße ‚Unter den Linden‘ sind nur einige Gebäude gut zu erkennen, zum Beispiel die Humboldt-Universität. Westwärts werden die Linden vom Brandenburger Tor abgeschlossen. Es wurde vor 200 Jahren nach einem griechischen Vorbild erbaut und diente ursprünglich als Stadttor. Heute ist es das Symbol der deutschen Einheit. Gleich dahinter erkennt ihr das Reichstagsgebäude. Dort wird bald der Bundestag einziehen. Links davon erstreckt sich der Tiergarten, Berlins größter Park. Wir fahren nun mit der U-Bahn zum Bahnhof Zoo.“

Vor der Kaiser-Wilhelm-Gedächtnis-Kirche nahe dem Bahnhof erfahren die Kölner Gäste folgendes: „Die Ruine des Kirchturms ist das Mahnmal für den Zweiten Weltkrieg. An der Kirche beginnt unser Ku’damm – Verzeihung: der Kurfür-

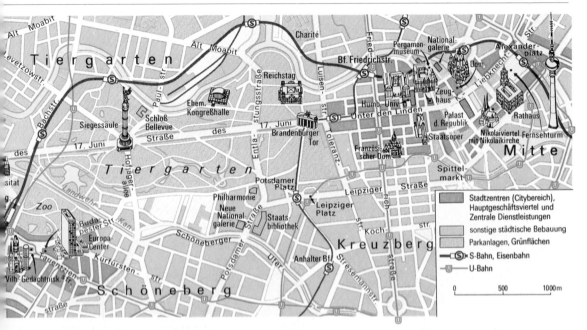

stendamm. Hier hat sich das bedeutendste Zentrum im Westteil der Stadt herausgebildet. Auf der anderen Seite liegt der Zoologische Garten mit dem Berliner Aquarium."

Vor dem Bahnhof Zoo bestieg die Klasse einen der meist gelben Doppeldeckerbusse. Die Fahrt führte an der Technischen Universität vorbei über den Ernst-Reuter-Platz zum Schloß Charlottenburg. Es war einst ein beliebter Wohnsitz preußischer Königsfamilien. Heute ist es das bedeutendste historische Bauwerk im Westen der Stadt.

Nach einer kurzen Rast im Schloßpark ging es weiter zum Messegelände. Es wird vom 150 Meter hohen Funkturm überragt. Daneben liegt das Internationale Congress-Centrum. Ihm verdankt Berlin seinen Ruf als international bedeutende Kongreßstadt.

Müde, aber voll von den vielen Eindrücken fuhren die Schülerinnen und Schüler zum „Alex" zurück.

Rotes Rathaus

Schauspielhaus und Französischer Dom am Gendarmenmarkt

1 Verfolge die Route auf der Karte (1).

2 Welche Sehenswürdigkeiten erinnern an die Zeit vor dem Zweiten Weltkrieg, welche an die Zeit danach und an die Teilung? Lege eine Liste an.

3 Die Karte (1) zeigt weitere wichtige Gebäude. Schreibe fünf heraus, und erkläre, wozu sie dienen.

4 Wäre es möglich, die Sehenswürdigkeiten nur mit der U-Bahn zu erreichen?

5 Berlin ist eine große Stadt. Miß die Entfernung vom Funkturm bis zum Fernsehturm, und vergleiche mit deinem Heimatort.

3

1

Leben und arbeiten in Berlin

Ähnlich wie London oder Paris wuchs Berlin im letzten Jahrhundert zu einer großen Verwaltungs- und Industriestadt heran.

Auf der Suche nach Arbeit strömten Hunderttausende nach Berlin. Um ihnen Wohnung zu geben, wurden in kurzer Zeit ganze Stadtviertel mit **Mietskasernen** bebaut. Das sind mehrstöckige Mietshäuser, die so eng stehen, daß Grünanlagen und Spielplätze fehlen und die Sonne nicht in alle Wohnungen scheint. Solche Mietskasernenviertel gibt es in Friedrichshain, Prenzlauer Berg, Wedding, Kreuzberg oder Neukölln.

Für die Besserverdienenden enstanden am Rande der Stadt, im Grünen, Villenviertel mit aufgelockerter Bebauung. Ein typisches Beispiel ist Grunewald.

Diese großen Unterschiede in den Wohnverhältnissen sind bis heute erhalten geblieben. Denn die im

Bevölkerungsentwicklung von Berlin

Jahr	Einwohner
1600	12 000
1700	29 000
1800	172 000
1900	1 889 000
1940	4 490 000
1990	3 419 000

2

Zweiten Weltkrieg schwer zerstörten Mietskasernenviertel wurden in kurzer Zeit wieder aufgebaut. Heute sind die Wohnbedingungen hier sehr schlecht, weil die Wohnungen klein, die sanitären Anlagen veraltet und die Gebäude wenig gepflegt sind. Dafür sind die Mieten verhältnismäßig niedrig. Hier leben jetzt viele Ausländer.

Um die Nachfrage nach Wohnraum zu befriedigen, entstanden in den 60er und 70er Jahren im Westteil und in den 80er Jahren im Ostteil der Stadt **Großwohnsiedlungen**. Beispiele sind die Gropiusstadt, das Märkische Viertel, Marzahn und Hohenschönhausen.

Gegenwärtig versucht man, die Mietskasernen den modernen Wohnansprüchen anzupassen. Das ist Aufgabe der **Sanierung**. Besonders groß ist der Sanierungsbedarf im Osten der Stadt. Dort wurde nur wenig für die alten Wohnviertel getan.

3

Die Arbeitsmöglichkeiten in Berlin sind vielfältig. Etwa ein Drittel der Beschäftigten arbeitet in der Industrie. Wichtige Industriezweige sind Elektroindustrie, Chemische Industrie, Maschinenbau, Bekleidungsindustrie sowie Nahrungs- und Genußmittelindustrie. Einige weltbekannte Unternehmen wie Borsig (seit 1837), Siemens (seit 1847) und AEG (seit 1883) können auf eine lange Tradition zurückblicken. Noch umfangreicher ist die Zahl der Beschäftigten in Dienstleistungsbetrieben, also in Geschäften, Büros 5 und Verwaltungsstellen.

Nachdem Berlin wieder Hauptstadt von ganz Deutschland geworden ist, kommen Firmen aus der ganzen Welt und wollen hier Niederlassungen einrichten. Darüber hinaus werden durch den Umzug der Bundesregierung Tausende neuer Arbeitsplätze geschaffen. Gleichzeitig müssen neue Wohnungen gebaut werden, denn in der Innenstadt werden alte Wohnhäuser abgerissen, um Platz zu schaffen für Geschäfts- und Bürohäuser.

1 Stelle das Bevölkerungswachstum Berlins (2) in Säulen dar, und erläutere dieses Balkendiagramm.

2 Seit dem Zweiten Weltkrieg lassen sich im Wohnungsbau von Berlin drei Abschnitte unterscheiden. Welche sind es?

3 Diagramm (6) zeigt, in welchen Bereichen der Wirtschaft die Berliner beschäftigt sind. Kann man die Stadt noch als Industriestadt bezeichnen?

4 Lege über die Berlinkarte im Atlas Transparentpapier, und trage ein: das Zentrum im Ostteil und das Zentrum im Westteil der Stadt, die Mietskasernenviertel, die bevorzugten Gebiete für Villenviertel, zwei Großwohnsiedlungen. Erläutere diese Skizze.

Erwerbstätige in Berlin 1988 insgesamt 1 674 000 davon in	
Land- u. Forstwirtschaft 9000	
Industrie (einschl. Baugewerbe)	488000
Handel Verkehr Dienstleistungen Verwaltung	1 177000

1
Märkisches Viertel im Bezirk Reinickendorf
3
Renovierte Mietshäuser am Landwehrkanal in Kreuzberg
4
Wohnraumumwandlung in Friedrichstadt
5
Werkshalle einer Firma für Klimatechnik
6

47

Deutschland in Europa

Du kennst bestimmt manche Speise, die für deine Heimat typisch ist. Sicher hast du auch schon eines der nebenstehenden Gerichte gegessen. Sie stammen aus verschiedenen europäischen Ländern.

Nicht nur im Essen und Trinken unterscheiden sich die Länder Europas, sondern vor allem in Sprache und Kultur, in Wirtschaft und Verwaltung. Jeder Staat hat seine eigene Flagge und Nationalhymne. Geld und Briefmarken sind von Land zu Land verschieden.

1993 hatte Europa 44 Staaten, darunter fünf Kleinstaaten. Die Grenzen zwischen vielen Staaten Europas verlieren immer mehr ihre trennende Wirkung. Seit 1993 gilt dies bereits für die 12 Staaten der Europäischen Union (EU). Sie haben die Einrichtung eines gemeinsamen Binnenmarktes vereinbart, damit die Grenzen den Reiseverkehr und den Warenaustausch nicht mehr behindern. Seither ist Deutschland durch seine Lage mitten in Europa zu einem **Transitland,** das heißt Durchgangsland, geworden. In anderen Staaten Europas wurden dagegen Grenzen neu errichtet oder sind umkämpft. Dort müssen viele Menschen fliehen und suchen eine neue Heimat.

1 Aus welchen fünf Ländern stammen die Speisen (1)?

2 Benenne in Karte (3): a) die Meere A–E, b) die Inseln I–VI, c) die Flüsse a–n.

3 Fertige eine Liste der europäischen Staaten und ihrer Hauptstädte 1–40 an.

4 Nenne den europäischen Staat, der die meisten Nachbarstaaten hat.

5 a) Miß die Entfernungen von Berlin nach Madrid, Malta, Moskau und zum Nordkap.

b) Schreibe die europäischen Hauptstädte auf, die weniger als 1000 km von Berlin entfernt liegen.

6 Den europäischen Binnenmarkt bilden die Staaten mit den Autokennzeichen B, DK, D, F, GB, GR, IRL, I, L, NL, P und E. Wie heißen diese Staaten?

7 a) Mit den Steckbriefen (2) werden vier Nachbarländer gesucht. Welche sind es?

b) Fertigt in Partnerarbeit weitere Steckbriefe an.

1 Euro-Kindermenü

Smørrebrød

Spaghetti Bolognese

Ćevapčići und Pommes frites

Mousse au chocolat

Wenn du mehr über Deutschland erfahren möchtest, findest du auf S. 186 wichtige Informationen.

Dieses Land liegt westlich von Aachen.

31 000 km²
10 Mio. Einwohner

Das größte Nachbarland der Bundesrepublik Deutschland. Es liegt im Südwesten.

552 000 km²
56,2 Mio. Einwohner

Ein Alpenland südlich von Passau.

84 000 km²
7,6 Mio. Einwohner

Der Nachbar im Nordosten. Er liegt auch an der Ostsee.

313 000 km²
37,9 Mio. Einwohner

2

Europa — Politische Gliederung

0   200   400   600   800   1000 km

Nordkap

RUSSLAND *

GUS

UKRAINE *

WEI. *

MOL. *

Den Haag

Bonn

zu Rußland

Rabat

Algier

Tunis

Tripolis

MAROKKO   ALGERIEN   TUNESIEN   LIBYEN   ÄGYPTEN

Istanbul

Abkürzungen:

BO.	—	Bosnien und Herzegowina	MOL.	—	Moldau
MA.	—	Makedonien	SE.	—	Serbien
MO.	—	Montenegro	WEI.	—	Weißrußland

* Mitglied der Gemeinschaft unabhängiger Staaten (GUS)

● Hauptstadt
○ Regierungssitz

49

TERRA
Orientieren und Üben

Immer wieder einmal mußt du dich daran erinnern, wo eine Stadt, ein Fluß oder ein Berg liegt. Dein topographisches Wissen kannst du bei der Arbeit mit der stummen Karte üben. **Stumme Karte** deshalb, weil die Karte keine Namen enthält.

1 Arbeite mit der stummen Karte (3):
a) Benenne die Großlandschaften A–D.
b) Benenne die Flüsse.
c) Benenne die Städte.

2 Wende die Topographie-Merkregel von Seite 39 an für
– die Städte: Berlin, München, Köln
– die Flüsse: Rhein, Weser, Oder
– die Berge: Fichtelberg, Brocken, Wasserkuppe.

3 „Merkwürdiges" (1):
a) In der Abbildung (1) befinden sich drei merkwürdige Figuren – ein See und zwei Inseln. Welche sind es?
b) Ein Flußlauf in Deutschland sieht so aus: ∿ Wie heißt er?
c) Im Norden sieht ein Küstenabschnitt ähnlich aus. Zwischen welchen Städten liegt dieser Abschnitt (Atlas)?

Vater: „Wie war es heute in der Schule?"
Sohn: „Nicht besonders. In Geographie ist es mir schlecht gegangen."
Vater: „Warum?"
Sohn: „Ich habe die Donau nicht gefunden."
Vater: „Da haben wir's! Weil du immer so eine Unordnung in deiner Schultasche hast!"

4 a) Wie heißen die gesuchten Städte?

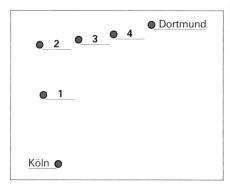

b) Zeichne ein ähnliches Netz mit den Großstädten zwischen Weser und Oder.

5 „Wahrzeichen einer Stadt" (2):
a) Welche Stadt ist gesucht?
b) Schreibe die Antworten in dein Heft. Das Lösungswort ergibt ein weiteres Wahrzeichen der Stadt.
c) Begründe, warum dieses auch ein Wahrzeichen für die deutsche Einheit ist (siehe Seite 40).

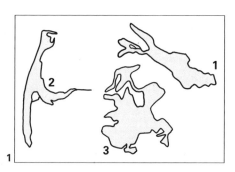

Grundbegriffe

Alpen	Mittelgebirge
Alpenvorland	Stumme Karte
Bundeshauptstadt	Tiefland
Bundesland	Topographie
Hochgebirge	Transitland
Kartenskizze	Umland
Merkkarte	Verkehrslage

Wahrzeichen einer Stadt
1. Er ist das Wappentier der Stadt
2. Dort mündet der Fluß...
   in den Fluß...
3. Ein bekanntes Villenviertel der Stadt
4. Die Kurzform des Platzes im Osten der Stadt
5. Großwohnsiedlungen entstanden in diesem Stadtteil
6. Ein bekanntes Industrieunternehmen
7. Liebevoll kurz heißt die Prachtstraße der Stadt
8. In diesem Gebäude tagt später der Deutsche Bundestag
9. Von 1961 bis 1990 teilte sie die Stadt in Ost und West
10. Einer der Flugplätze der Stadt
11. Der größte Park der Stadt

2

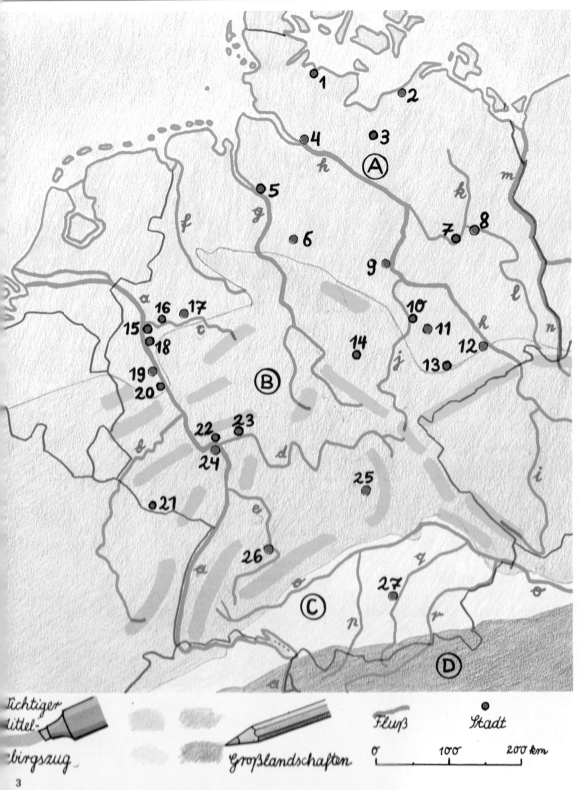

Richtiger Mittelgebirgszug

Großlandschaften

Fluß Stadt

0   100   200 km

3

1

2

Am Meer

Am Meer – was gibt es da nicht alles: Wind und Wellen, Burgenbauen und Muschelsammeln, Möwen und Seehunde …

Am Meer werden aber nicht nur Ferien verbracht. Dort leben und arbeiten viele Menschen als Fischer, als Matrose oder Kaptiän, als Gastwirt oder Landwirt, als Hafenarbeiter oder Kaufmann …

Deutschland hat im Norden an zwei Meeren Anteil: an der Nordsee und an der Ostsee. Doch beide Meere sind wie „ungleiche Schwestern".

Nord-
friesische
Inseln

Flensb▸
Husun

Schleswi

NORDSEE

Helgoland

Helgoländer
Bucht

Heide

Ostfriesische Inseln

Cuxhaven

Emden

Wilhelmshaven

Ems-Jade-Kanal

Bremerhaven

Niedersachse

Oldenburg

kanal

Breme▸

Ems

Küsten-

Weser

O s t s e e

Kieler Bucht   Fehmarn

Rügen

Kiel

Rostock   Stralsund   Greifswalder Bodden   Pommersche Bucht

Holstein   Lübecker Bucht   Greifswald   Usedom

Neumünster   Wismar

Lübeck   Peene   Stettiner Haff

amburg   Mecklenburg - Vorpommern

Elbe-Lübeck-Kanal   Schwerin   Neubrandenburg

Müritz

Lüneburg   Elbe

Elbe-Seiten-Kanal   B r a n d e n b u r g

0   50   100 km

An der Ostseeküste

Profil einer Flachküste

Vorherrschende Windrichtung

Strandlagune

Düne

Strand

Schorre

Ufer

Die Ostseeküste ist sehr abwechslungsreich. Es gibt steile Küstenabschnitte, an denen kaum Platz für einen Badestrand ist, aber auch zahlreiche flache Abschnitte mit breiten Sandstränden.

Von den **Kliffen** der **Steilküste** hat der Besucher einen herrlichen Blick auf das Meer. Berühmt hierfür ist der Königsstuhl auf Rügen.

Bei den Steilküsten unterscheidet man die „harten Kliffe" aus Fels und die „weichen Kliffe" aus eiszeitlichem Erd- und Gesteinsschutt.

Die **Flachküsten** bestehen aus feinerem Material, aus Sand und Kies. Steil- und Flachküste verändern „ihr Gesicht" jedoch ständig. Die kraftvollen Wellen des Meeres tragen an einer Stelle Material ab, transportieren es in Windrichtung fort und lagern es an anderer Stelle wieder an. Man nennt diesen Vorgang Strandversetzung. Hierbei werden die Kliffe immer weiter landeinwärts verlagert, und an der Flachküste bilden sich neue Küstenformen von seltsamer Gestalt. In Luftbild (5) kannst du die Spuren dieser Arbeit des Meeres bsonders gut erkennen.

Ausgleichsküste

Die Abbildungen (5) und (6) zeigen, daß durch die Arbeit des Meeres die ehemals von **Buchten** und Vorsprüngen gegliederte Küste immer mehr begradigt wird: Die Küstenlinie hat heute also einen ausgeglicheneren Verlauf.

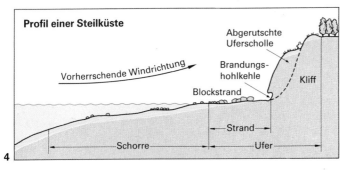

Profil einer Steilküste

Abgerutschte Uferscholle

Vorherrschende Windrichtung

Brandungshohlkehle

Kliff

Blockstrand

Strand

Schorre

Ufer

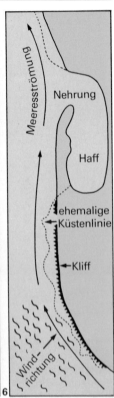

5

6

Fördenküste und Boddenküste

Diese beiden Küstenformen hingegen gehen auf die Arbeit der Gletscher während der Eiszeiten zurück:
Förden sind schmale, weit ins Land
hineinreichende Buchten. Sie sind
so tief, daß Schiffe bis an ihr Ende
einfahren können. Die Förden wurden in den Eiszeiten durch die
Schmelzwässer und die Gletscherzungen ausgetieft.
Bodden (niederdeutsch = Meeresboden) sind an der Flachküste liegende, unregelmäßig geformte
Kleinbuchten. Sie sind sehr flach
und daher für den Schiffsverkehr
nicht geeignet. Bodden sind durch
den Meeresspiegelanstieg nach der
Eiszeit in der überfluteten Moränen-
landschaft entstanden.

1 Übertrage die Skizzen (2) und (4) in
dein Heft, und beschreibe mit Hilfe der
Abbildungen (1) und (3) die Flachküste
und die Steilküste.
2 Vergleiche das Luftbild (5) und die
Zeichnung (6): Beschreibe, was im
Luftbild alles zu sehen ist. Verwende
dabei die Begriffe Haff, Kliff, Nehrung,
Strand, Touristenzentrum ...
3 Erkläre die Entstehung
a) von Nehrung und Haff,
b) der Ausgleichsküste.
4 Suche in einer Atlaskarte der Ostsee die in der Abbildung (7) dargestell-
ten Küstenabschnitte der Ausgleichsküste, der Fördenküste und der Boddenküste.

5
Ostseeküste bei Heiligenhafen
6
Entstehung einer Ausgleichsküste
7
Küstenformen

Fördenküste

Ausgleichsküste

Boddenküste

7

An der Nordseeküste

Wasserspiegel um bis zu dreieinhalb Meter. Teile des Meeresbodens werden dabei freigelegt. Den freigelegten Meeresboden nennt man **Watt**. Bei **Flut** steigt der Wasserspiegel wieder an: das Watt wird wieder meeresbedeckt. Man spricht dann vom **Wattenmeer**.

Das Wattengebiet macht den besonderen Reiz der Nordseeküste aus. Kaum ein Urlauber versäumt es, an einer Wanderung ins Watt teilzunehmen. Darüber hinaus stellt das Wattenmeer einen auf der Welt einmaligen Lebensraum für viele Tierarten dar.

An der Grenze zwischen Wattenmeer und dauernd bedecktem Meeresboden liegen zahlreiche Düneninseln, die West-, Ost- und Nordfriesischen Inseln.

Eine Besonderheit im Nordfriesischen Wattenmeer stellen die **Halligen** dar. Es sind zehn kleine Inseln, die kaum einen Meter über den Meeresspiegel hinausragen und nicht ausreichend gegen Sturmfluten geschützt sind, so daß sie häufig vom Meer überflutet werden.

Das **Watt** besteht vor allem aus Schlick und Sand. Es ist zerfurcht von größeren Wasserläufen und kleineren, den **Prielen**.

Die Nordseeküste zeigt ein ganz anderes Bild als die Ostseeküste. Sie ist eine ausgesprochene Flachküste mit nur wenigen steilen Abschnitten.

Der Küstensaum ist geprägt von dem ständigen Wechsel der **Gezeiten**, von Ebbe und Flut. An der deutschen Küste fällt bei **Ebbe** der

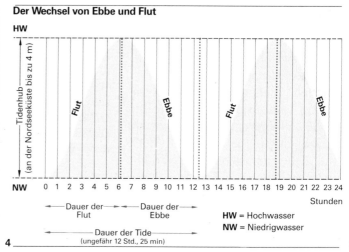

Der Wechsel von Ebbe und Flut

HW

Tidenhub (an der Nordseeküste bis zu 4 m)

Flut — Ebbe — Flut — Ebbe

NW   0 1 2 3 4 5 6 7 8 9 10 11 12 13 14 15 16 17 18 19 20 21 22 23 24 Stunden

Dauer der Flut — Dauer der Ebbe

HW = Hochwasser
NW = Niedrigwasser

Dauer der Tide (ungefähr 12 Std., 25 min)

Nordsee und Ostsee

Die Nordsee ist ein **Randmeer** des Atlantischen Ozeans und hat eine breite Verbindung zu diesem Weltmeer. Die Ostsee hingegen ist fast völlig abgeschlossen. Nur über drei schmale Meerengen ist ein Zugang zu den Weltmeeren möglich. Man nennt einen derart abgeschlossenen Meeresteil ein **Binnenmeer**. Diese Lage führt dazu, daß an der Ostsee Ebbe und Flut kaum zu spüren sind: Nordseeküste bis zu 3,60 m Tidenhub, Ostseeküste 10 bis 15 cm.

5

1 Beschreibe die Fotos (1), (5) und (6). Ordne sie in die Zeichnung (7) ein.

2 Die Nordseeküste ist geprägt von den Gezeiten. Erkläre.

3 Viele Menschen verwechseln Flut mit Hochwasser und Ebbe mit Niedrigwasser. Kannst du den Unterschied erklären? Zeichnung (4) hilft dir.

4 Vergleiche die Nordsee- mit der Ostseeküste.

5 Arbeite mit dem Atlas:

a) Nenne die Namen der Ostfriesischen und der Nordfriesischen Inseln.

b) Suche die zehn Halligen.

6

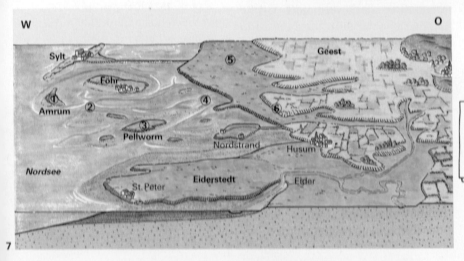

W   O

Sylt

Geest

Föhr

⑤

Amrum ① ②   ④

Pellworm ③

Nordstrand   Husum

Nordsee

Eiderstedt

St. Peter   Elder

7

Mehr zum Watt erfährst du auf Seite 68/69.

57

1
Deichbruch

Bedrohte Küste

Sturmflut
Außergewöhnlich hoher Wasserstand des Meeres. Die auflaufende Flut wird durch Sturm verstärkt: Gefahr von Deichbrüchen und Überschwemmungen.

„Achtung! Sturmwarnung! Der Orkan über der Nordsee erreicht ..." Solche Nachrichten schrecken die Küstenbewohner immer wieder auf. Doch sie leben seit vielen Generationen mit den Gefahren. „Nordsee, Mordsee" – so heißt ein berühmter Buchtitel. In der Tat: **Sturmfluten** mit verheerenden Überschwemmungen hat es immer wieder gegeben. Einige haben viele Todesopfer gefordert. Sie haben auch die Küstenlinie stark verändert. Große Landstriche in Nordfriesland sind verlorengegangen. Siedlungen wurden weggespült und später vom Schlick zugedeckt. Doch die Menschen lernten, ihr Land mit Deichen zu schützen. Heute würden jedoch die Deiche von damals keiner Sturmflut mehr standhalten. Durch Landsenkung und Anstieg des Meeresspiegels laufen nämlich die Fluten immer höher auf. Deshalb mußten die alten Deiche erhöht oder durch neue ersetzt werden.

Deiche bestehen großenteils aus Sand, der mit einer dicken Schicht aus Klei, einem „klebrigen", wasserundurchlässigen Tonboden, abgedeckt ist. Darauf wächst eine dichte Grasdecke, die nirgends aufreißen darf. Schafe halten das Gras kurz. Deichbau war und ist für die Bewohner der Küste überlebenswichtig. Heute wird dieser **Küstenschutz** mit moderner Technik betrieben. Früher mußten sich die Bauern zusammentun und mühsam die Wälle aufwerfen. Da wurde jeder gebraucht. Wer dabei seinen Spaten „im Stich ließ", wurde aus der Gemeinschaft ausgeschlossen.

Aus dem Sturmflutkalender
16. 1. 1362 („Große Manndränke"): Schwerste Sturmflut aller Zeiten. 100 000 Tote; 30 Dörfer im Meer versunken.
11. 10. 1634 („Zweite Manndränke"): Deiche an 44 Stellen gebrochen; 6123 Menschen und 50 000 Tiere ertrunken; 1339 Häuser zerstört.
24. 12. 1717 (Weihnachtsflut): 20 000 Menschen und 100 000 Tiere umgekommen; 5000 Häuser weggerissen.
3./4. 2. 1825 (Februarflut): Verheerendste Sturmflut im 19. Jh.; große Schäden in ganz Nordfriesland und an der dänischen Westküste; 800 Todesopfer.
16./17. 2. 1962: Im Gebiet um Hamburg 312 Menschen ertrunken; entlang der Elbe 60 Deiche gebrochen; 20 000 Personen evakuiert; große Schäden auf den Halligen.
3. 1. 1976: Höchste Flutwelle an der deutschen Nordseeküste; zahlreiche Deichbrüche; keine Menschenleben zu beklagen.
25. 11. 1981: Vierte große Sturmflut im 20. Jh.; keine Deichbrüche.

2

Der Landwirt Andreas Busch war 1921 von der Hallig Südfall zu einer Wattwanderung aufgebrochen. Ein paar Kilometer nordöstlich, mitten im Watt, glaubte er seinen Augen nicht zu trauen: Vor ihm im Schlick lagen Reste von Gebäuden und Schleusen und ein Brunnen. Rungholt, der alte Handelsort und Hafen von Alt-Nordstrand, 1362 versunken, war wieder aufgetaucht.

3

4
Sylt 1990

1 Zeige anhand der Fotos (1) und (4), warum man von bedrohter Küste spricht.

2 Vergleiche die Karten (5). Beschreibe die Veränderungen an der nordfriesischen Küste seit dem Jahr 900. Wo lag Rungholt?

3 a) Wie entstehen Sturmfluten?
b) In welcher Jahreszeit sind Sturmfluten besonders häufig? Der Sturmflutkalender (2) hilft dir.

4 „De nich will dieken, mutt wieken." („Der nicht will deichen, muß weichen.") Was meint dieser alte Spruch?

5 Zeichnung (6):
a) Beschreibe und begründe die Unterschiede in den Deichbauten um 1600 und heute.
b) Erkläre, warum die Außenböschung der neuen Deiche so flach gebaut wird.

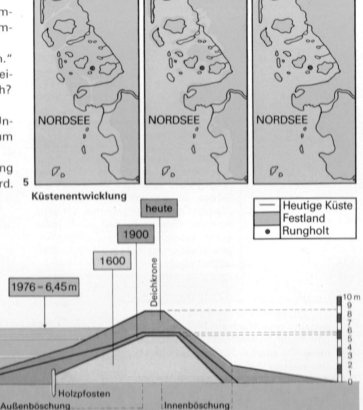

um 900 — DÄNEMARK — NORDSEE

vor 1634 — DÄNEMARK — NORDSEE

heute — DÄNEMARK — NORDSEE

5 **Küstenentwicklung**

Legende:
— Heutige Küste
▫ Festland
• Rungholt

Entwicklung der Deichprofile

heute

1900

1600

Deichkrone

Höhe der Sturmflut:
1717 – 5,06 m   1962 – 5,70 m   1976 – 6,45 m

10 m 9 8 7 6 5 4 3 2 1 0

mittleres Hochwasser

Steinpflaster

Holzpfosten

Außenböschung

Innenböschung

6

0   10   20   30   40   50   60   70   80   90   100 m

Neues Land aus dem Meer

1

Die erste Pflanze ist der Queller

Bei der „Julianenflut" im Jahre 1164 entstand der Jadebusen. Seither haben die Sturmfluten viel Land verschlungen (vergleiche Seite 58). Doch in den letzten Jahrhunderten haben die Menschen ihr Land immer besser geschützt und sogar dem Meer wieder Land abgerungen.

Mit jeder Flut werden viele feine Schlammteilchen herangebracht und sinken zum Grund. In geschützten Buchten entsteht Jahr für Jahr eine Schicht von etwa 4 cm **Schlick**. Diesen Vorgang nutzen die Menschen zur **Landgewinnung**.

Neuland – wozu?

In den letzten Jahren wurde viel über Landgewinnung und weitere Eindeichungen gestritten:

„Die Landwirtschaft in Deutschland braucht längst keine neuen Flächen mehr!"

„Auf dem neuen Land könnten wir eine Fabrik bauen oder ein Erholungszentrum. Das bringt Geld und Arbeitsplätze."

„Landgewinnung ist der beste Küstenschutz. Ein breites Vorland nimmt den Wellen die Kraft."

„Die Salzwiesen und Wattflächen haben eine große Bedeutung für die Tier- und Pflanzenwelt. Sie sind einmalig in der Welt. Wir müssen sie erhalten!"

⑦

3. Ragt das Watt erst einmal über das normale Hochwasser hinaus, spült der Regen das Salz aus dem Boden. Der Queller wird allmählich von Gräsern verdrängt. Watt wird zu **Marsch**.

2. Jährlich werden die Grüppen neu ausgebaggert. In diesen Entwässerungsgräben setzt sich besonders viel Schlick ab. Auf den höher gelegenen „Beeten" dazwischen wächst der salzliebende Queller. Er hält noch mehr Schlammteilchen fest und seine Wurzeln festigen den Boden. Das Watt wächst weiter.

②

1. Lahnungen werden ins Watt hinausgebaut. Diese Zäune aus Pfählen, Reisig und Draht bremsen die Wasserbewegung. So setzt sich mehr Schlick ab. Das Watt wächst.

2

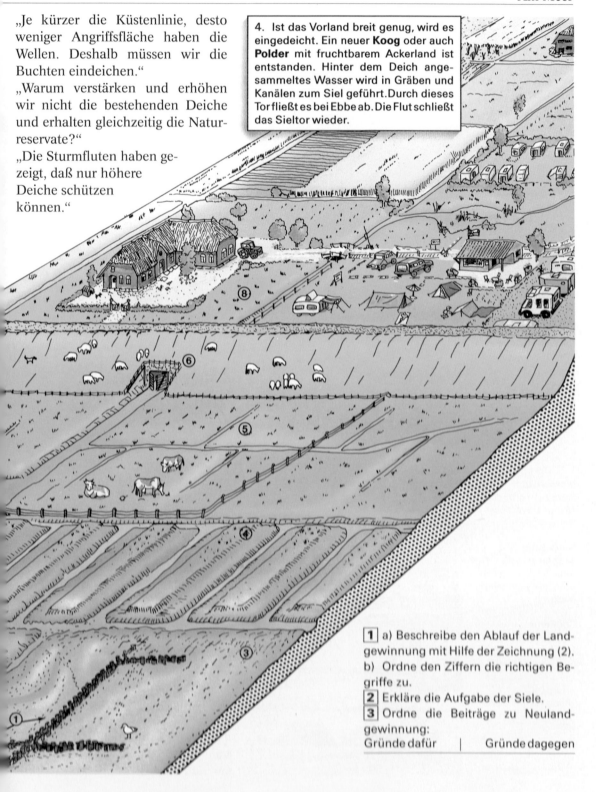

„Je kürzer die Küstenlinie, desto weniger Angriffsfläche haben die Wellen. Deshalb müssen wir die Buchten eindeichen."

„Warum verstärken und erhöhen wir nicht die bestehenden Deiche und erhalten gleichzeitig die Naturreservate?"

„Die Sturmfluten haben gezeigt, daß nur höhere Deiche schützen können."

4. Ist das Vorland breit genug, wird es eingedeicht. Ein neuer **Koog** oder auch **Polder** mit fruchtbarem Ackerland ist entstanden. Hinter dem Deich angesammeltes Wasser wird in Gräben und Kanälen zum Siel geführt. Durch dieses Tor fließt es bei Ebbe ab. Die Flut schließt das Sieltor wieder.

1 a) Beschreibe den Ablauf der Landgewinnung mit Hilfe der Zeichnung (2).
b) Ordne den Ziffern die richtigen Begriffe zu.

2 Erkläre die Aufgabe der Siele.

3 Ordne die Beiträge zu Neulandgewinnung:

Gründe dafür | Gründe dagegen

1

Im Waltershofer Hafen

3

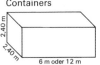

Massengüter
werden in großer Menge unverpackt transportiert.

Stückgüter
werden in Kisten, Kartons, Säcken, Ballen und Containern verpackt.

Container
sind Behälter aus Stahlblech mit einheitlichen Maßen.

Abmessungen eines Containers

2,40 m
2,40 m
6 m oder 12 m

fahrbarer Kran   Lagerhalle
Kaischuppen
Stückgut

Containerbrücke
(pro Stunde 40 Behälter)
Trägerfahrzeug
Container

Roll-on Roll-off Verkehr
Ro-Ro

Silo
Getreideheber
Massengut — Sauggut

Greiferbrücke
Laufkatze
Massengut — Greifergut

2

nach Flensburg
Kiel

UNTERELBE
Elbt
W
Köhlfleet-
hafen
Parkhafen
Petroleumhafen
Köhlfleet
Wafter
Griesen
Finkenwerder
Vorhafen

Hafen-
erweiterungsgebiet

Hafen Hamburg – Tor zur Welt

Morgens um 7 Uhr am Burchardkai: Es herrscht Hochbetrieb im Container-Terminal. Doch Menschen sind kaum zu sehen.

Vorne am Kai wird gerade die „Shanghai-Express" aus China entladen: ein Vollcontainerschiff, 280 m lang, mehrere Stockwerke hoch, Tausende von bunten Stahlkisten an Bord. Drei riesige Containerbrücken gleiten, wie von Geisterhand gelenkt, auf ihren Schienen nach rechts und links, fassen Behälter um Behälter und setzen sie auf den Boden. Ein Trägerfahrzeug, ein hochbeiniges, von einem einzigen Mann gesteuertes Ungetüm, nimmt die **Container** dort auf und transportiert sie zu ihrem Stellplatz am Kai. Nur elf Mann werden pro

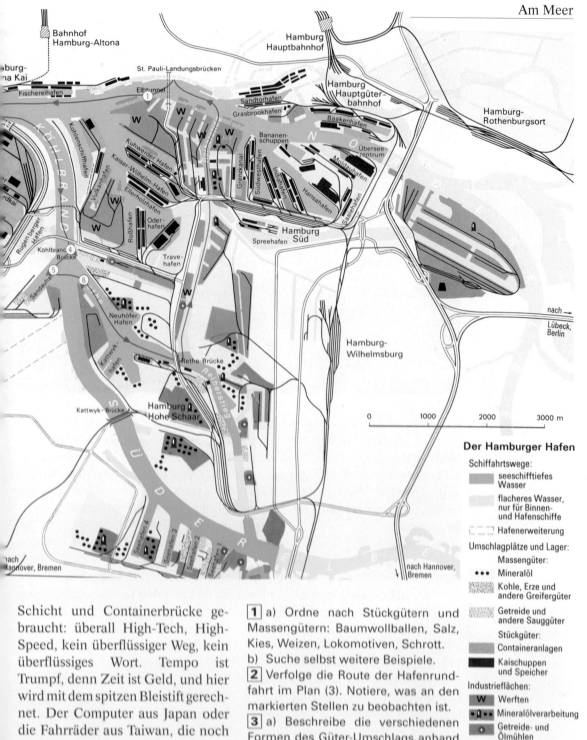

Der Hamburger Hafen

Schifffahrtswege:

seeschifftiefes Wasser

flacheres Wasser, nur für Binnen- und Hafenschiffe

Hafenerweiterung

Umschlagplätze und Lager:

Massengüter:

Mineralöl

Kohle, Erze und andere Greifergüter

Getreide und andere Sauggüter

Stückgüter:

Containeranlagen

Kaischuppen und Speicher

Industrieflächen:

Werften

Mineralölverarbeitung

Getreide- und Ölmühlen

Hüttenwerke, Walzwerke

Verkehrswege:

Autobahn

Eisenbahn

Schicht und Containerbrücke gebraucht: überall High-Tech, High-Speed, kein überflüssiger Weg, kein überflüssiges Wort. Tempo ist Trumpf, denn Zeit ist Geld, und hier wird mit dem spitzen Bleistift gerechnet. Der Computer aus Japan oder die Fahrräder aus Taiwan, die noch heute „gelöscht" werden, können schon morgen beim Händler im Schaufenster stehen!

1 a) Ordne nach Stückgütern und Massengütern: Baumwollballen, Salz, Kies, Weizen, Lokomotiven, Schrott.
b) Suche selbst weitere Beispiele.

2 Verfolge die Route der Hafenrundfahrt im Plan (3). Notiere, was an den markierten Stellen zu beobachten ist.

3 a) Beschreibe die verschiedenen Formen des Güter-Umschlags anhand der Abbildung (2).
b) Suche in Plan (3) Hafenbecken für Stückgüter, Massengüter, Container.

Im Kaiser-Wilhelm-Hafen

8
Kvaerner-Warnow-Werft GmbH; sie soll zukünftig eine Spezialwerft für Kühl- und Containerschiffe, Gas- und Öltanker sein.

5

Import = Einfuhr
Export = Ausfuhr

Güterumschlag (in Mio. t)

Rostock	
1989	20,8
1990	13,4
1991	8,0

Hamburg	
1989	53,9
1990	61,4
1991	65,5

4

Hamburg ist der bedeutendste deutsche **Seehafen**, unser „Tor zur Welt". Hier werden jährlich viele Millionen Tonnen Güter importiert und exportiert. Zwei Drittel der im Hafen umgeschlagenen Güter sind Massengüter.

„Die Zukunft liegt im Containerverkehr", sagen die Fachleute. Container sind erst seit 25 Jahren im Einsatz, haben aber inzwischen zu einer Revolution im Transportwesen geführt. Heute werden über Hamburg bereits drei Viertel aller Stückgüter in Containern transportiert: Spielzeug aus Hongkong und Orientteppiche aus dem Iran, Schokolade aus der Schweiz und Autos aus Deutschland oder ein ganzer Operationssaal für Nigeria.

Alte „Seebären" kennen sich im Hafen kaum noch aus, so schnell ist hier der Wandel. Zwar wirkt alles erheblich ruhiger im Vergleich zu früher, doch der Güterumschlag steigt von Jahr zu Jahr. Die Schiffe im Hafen werden größer und die Container immer zahlreicher, denn die schnellste Art, Stückgüter zu befördern, ist ihr Transport in Containern. Hamburg hat mächtig aufgeholt und liegt derzeit an siebenter Stelle unter den Containerhäfen der Welt.

Doch der Hafen ist nicht nur ein Umschlagplatz für Güter. Es gibt hier auch viele Fabriken: Erdölraffinerien, Kaffeeröstereien, Mühlen für Getreide und Ölfrüchte oder die größte Kupferhütte Europas. Die Schiffe bringen ihnen die Rohstoffe bis vor die Werkshallen. Ein wichtiger Arbeitsplatz sind auch die **Werften**, in denen Schiffe gebaut oder repariert werden. Insgesamt hängen in Hamburg etwa 140 000 Arbeitsplätze vom Hafen ab.

Ein schneller und vielseitiger Hafen wie Hamburg braucht auch ein leistungsfähiges Verkehrsnetz für den Gütertransport auf Schiene und Straße. Allein im Hafen ist das Gleisnetz fast 700 km lang. Es gibt hier über 100 Verladestellen für die Eisenbahn. Daneben sind die Autobahnen und Bundesstraßen vom Hafen aus gut erreichbar.

Hamburg ist aber auch ein bedeutender **Binnenhafen**. Über die Elbe und den Elbe-Seitenkanal kommen täglich mehr Binnenschiffe als Seeschiffe nach Hamburg.

So reicht das **Hinterland** des Hafens weit über Deutschland hinaus. Er ist auch für Österreich, Ungarn und die Tschechische Republik wichtig.

Rostock ist der größte deutsche Ostseehafen. Auf Beschluß der DDR-Regierung wurde er ab 1957 als neuer Überseehafen mit modernen Verladeeinrichtungen gebaut, nachdem die alten Hafenanlagen an der Warnow nicht mehr ausreichten. Große Werften mit vielen Tausend Beschäftigten sowie Fabriken zur Fischverarbeitung kamen hinzu. Und der Umschlag im Hafen nahm von Jahr zu Jahr zu. Doch seit der Wiedervereinigung Deutschlands ist der Hamburger Hafen mit seiner günstigeren Verkehrslage zum Konkurrenten für Rostock geworden. Fachleute erwarten, daß Rostock als „Tor zur Ostsee" in Zukunft vor allem den Fährverkehr mit Skandinavien erfolgreich ausbauen kann.

8

4 Oft sind Häfen an **Trichtermündungen** entstanden, die auf das Wirken von Ebbe und Flut zurückgehen. Erkläre den Begriff Trichtermündung.

5 Suche einige große Fabriken im Hafenplan (3). Wo liegen sie jeweils?

6 a) Ordne die Seehäfen in Karte (7) nach dem Güterumschlag.

b) In welchen Ländern liegen die Häfen? (Atlasarbeit)

7 Vergleiche mit Hilfe von Tabelle (4) und Text (6) die Verkehrslage und den Umschlag von Hamburg und Rostock.

8 Der wichtigste Seehafen für das Ruhrgebiet ist nicht Hamburg, sondern Rotterdam. Erkläre anhand von Karte (7).

Güterumschlag der Seehäfen 1989
(in Mio. t)

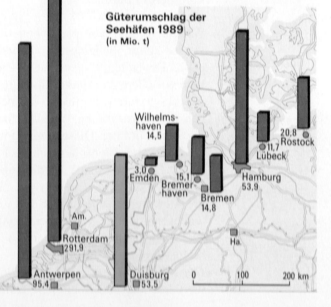

7

Langeoog – eine Urlaubsinsel

Langeoog: Gäste 1991

Monat	Zahl der Gäste
Januar	2 214
Februar	753
März	8 580
April	6 955
Mai	10 168
Juni	10 078
Juli	14 099
August	12 403
September	9 341
Oktober	10 245
November	–
Dezember	2 106
gesamt	86 942

3

Fünfmal täglich verkehren in der Badesaison die Passagierschiffe von Bensersiel nach Langeoog. Und jedesmal bringen sie zahlreiche Erholungssuchende auf die Insel. Auf jeden der knapp 4000 Bewohner kommen in dieser Zeit fünf Feriengäste.

Warum ist die Nordsee neben der Ostsee zum beliebtesten Feriengebiet Deutschlands geworden? Das liegt vor allem am Meeresklima, der frischen Meeresluft und der intensiven Sonnenstrahlung, auch bei bedecktem Himmel. Dieses Reizklima wirkt auf den Menschen sehr belebend. Darüber hinaus ist die salzhaltige, staubfreie Luft sehr gut für die Atemwege. Viele Kinder und Erwachsene mit Atemwegserkrankungen verbringen deshalb hier einen mehrwöchigen Kuraufenthalt.

Den Feriengästen auf Langeoog werden viele Möglichkeiten gebo-

ten, sich sportlich oder anderweitig zu betätigen: Wellenbaden, Sandburgenbauen, Strand- und Wattwandern, Drachen steigen lassen, Sportwettkämpfe am Strand und vor allem Radfahren. Letzteres macht auf Langeoog besonders Spaß; die Insel ist nämlich autofrei. Doch etwa 5000 Radfahrer und zu viele unvernünftige Gäste, die durch die Schutzgebiete der Dünen und Salzwiesen laufen, sind nicht ganz problemlos.

An der Nord- und Ostsee, vor allem auf den Ferieninseln, verdienen

4

66

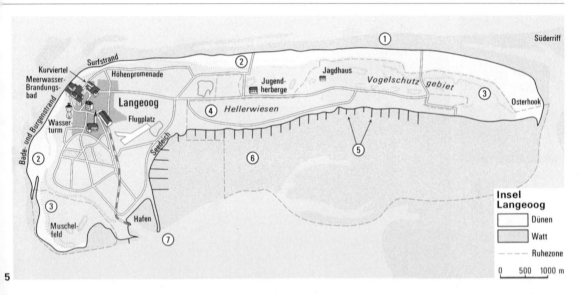

Insel
Langeoog

☐ Dünen

☐ Watt

----- Ruhezone

0   500   1000 m

5

viele Bewohner im Fremdenverkehr ihr Geld. Denn die etwa fünf Millionen Gäste jährlich in Hotels, Pensionen oder Gaststätten wollen unterhalten und versorgt sein.

Auszug aus dem Tidenkalender für Langeoog

Datum	Hochwasser	Niedrigwasser	Badezeit
21. 7. 1992	4.32 / 16.36	10.27 / 22.57	13.30–16.30
22. 7. 1992	5.05 / 17.12	10.59 / 23.25	14.00–17.00
23. 7. 1992	5.39 / 17.51	11.33 / 0.00	14.30–17.30
24. 7. 1992	6.22 / 18.46	0.01 / 12.22	15.00–18.00

7

Merkregel für Touristen

Der Tourist verhält sich in seinem Urlaubsgebiet als Gast. Er nimmt also Rücksicht auf die Natur und schont die Tiere und Pflanzen. Er übersieht aber auch nicht die Interessen der Bevölkerung und vermeidet zum Beispiel zu viel Lärm.

1 Ordne den Ziffern in Karte (5) die richtigen Begriffe zu: Dünenzone, Landseite, Salzwiesen, Sandstrand, Seeseite, Wattenmeer, Lahnungsfelder.

2 „Nordseeklima = Heilklima". Erkläre mit Hilfe des Textes.

3 a) Übertrage die Zeichnung (4) von Seite 54 in dein Heft, und erkläre alle Begriffe.

b) Erkläre, warum die Badezeiten (7) so festgelegt wurden.

4 Auch beim Wattwandern muß man auf die Gezeiten achten. Zu welcher Zeit würdet ihr am 21. 7. eine vierstündige Wattwanderung unternehmen?

5 Badeorte müssen bestimmte Einrichtungen zur Verfügung stellen, um ihre Gäste zufriedenzustellen. Nenne einige mit Hilfe der Fotos (1), (4) und (6) sowie der Karte (5).

6 a) Beschreibe die Verteilung der Gästezahlen (3) im Verlauf eines Jahres.

b) Wann ist Hauptsaison? Begründe.

Willst du mehr über Fremdenverkehrsgebiete erfahren, schau auf Seite 184/ 185 nach.

1

2

3

**Schutzzonen
im Nationalpark
Wattenmeer:
Ruhezone**

Hierzu gehören Watt-
flächen und See-
hundsbänke, Dünen
und Salzwiesen. Vor
allem die Brut-, Rast-
und Mausergebiete
der Seevögel. Das
Betreten dieser Zone
ist nicht bzw. in Nie-
dersachsen nur auf
markierten Wegen
erlaubt.

Zwischenzone

Das Betreten ist
erlaubt. Einzelne
Gebiete, z. B. Brut-
gebiete, dürfen auf
den markierten
Wegen begangen
werden.

Erholungszone

Hier ist der Erho-
lungs- und Kurbetrieb
erlaubt, andere Nut-
zungen, z. B. Woh-
nungsbau, sind nicht
möglich.

4

Nationalpark Wattenmeer

Auf der Hanswarft der Hallig Hooge befindet sich ein Naturschutzzentrum mit einer Ausstellung „Schützenswertes Wattenmeer". Hauptanziehungspunkt für die Klasse 5a ist die Nachbildung des Lebensraumes Wattenmeer mit lebenden Pflanzen und Tieren.

Das Wattenmeer der Nordsee ist ein auf der Welt einzigartiger Lebensraum. Hier ist die „Kinderstube" wichtiger Fischarten wie Hering, Scholle und Seezunge. Außerdem dient es Millionen von Seevögeln als Brut-, Rast- und Nahrungsgebiet. Zu seinem Schutz haben die Bundesländer Schleswig-Holstein, Niedersachsen und Hamburg jeweils einen **Nationalpark Wattenmeer** eingerichtet.

Patrick, ein Mitarbeiter des Naturschutzzentrums, hat für die Klasse eine Wattexkursion vorbereitet. Zu Beginn macht er darauf aufmerk-

sam, daß Wattwandern ohne Wattführer lebensgefährlich ist. Die auflaufende Flut ist eine große Gefahr. Aber auch in Nebel und Sturm kann man sich leicht verirren.

Ausgerüstet mit Grabgabel, Eimern, Glasgefäßen, Lupen und Fangnetzen ziehen die Jungen und Mädchen los. Sie untersuchen das Leben im Wattboden und in seinen wasserführenden Rinnen, den **Prielen**. Es gibt viel zu sehen und zu spüren: Muscheln, Krebse, Wattschnecken und -würmer. Diese Kleintiere sind die Nahrung für Millionen von Seevögeln. Die Schüler erkennen, wie wichtig es ist, diesen Lebensraum für die Tierwelt zu erhalten.

Aber nicht überall im Nationalpark werden die Schutzbestimmungen eingehalten. In der Meldorfer Bucht zum Beispiel wird gleich mehrfach gegen den Naturschutzgedanken verstoßen.

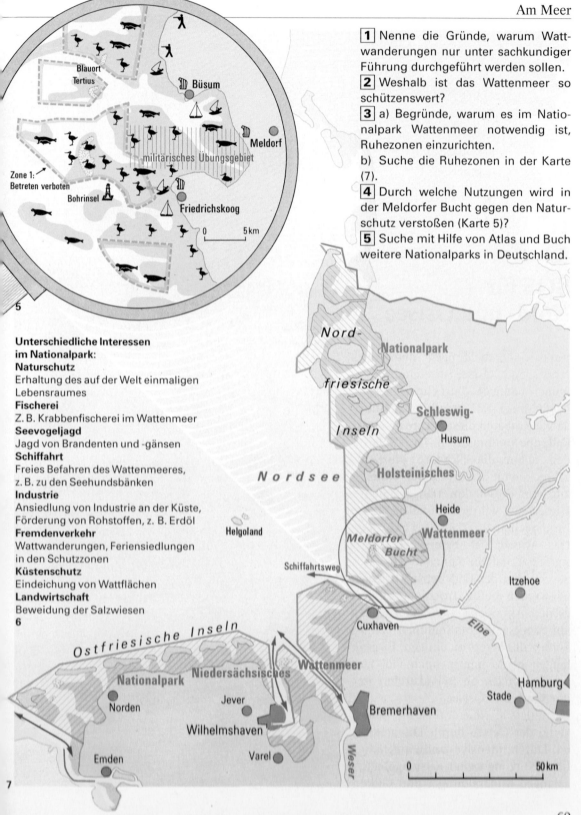

Blauort
Tertius

Büsum

militärisches Übungsgebiet

Meldorf

Zone 1:
Betreten verboten

Bohrinsel

Friedrichskoog

0   5km

5

1 Nenne die Gründe, warum Wattwanderungen nur unter sachkundiger
Führung durchgeführt werden sollen.
2 Weshalb ist das Wattenmeer so
schützenswert?
3 a) Begründe, warum es im Nationalpark Wattenmeer notwendig ist,
Ruhezonen einzurichten.
b) Suche die Ruhezonen in der Karte
(7).
4 Durch welche Nutzungen wird in
der Meldorfer Bucht gegen den Naturschutz verstoßen (Karte 5)?
5 Suche mit Hilfe von Atlas und Buch
weitere Nationalparks in Deutschland.

**Unterschiedliche Interessen
im Nationalpark:**
Naturschutz
Erhaltung des auf der Welt einmaligen
Lebensraumes
Fischerei
Z. B. Krabbenfischerei im Wattenmeer
Seevogeljagd
Jagd von Brandenten und -gänsen
Schiffahrt
Freies Befahren des Wattenmeeres,
z. B. zu den Seehundsbänken
Industrie
Ansiedlung von Industrie an der Küste,
Förderung von Rohstoffen, z. B. Erdöl
Fremdenverkehr
Wattwanderungen, Feriensiedlungen
in den Schutzzonen
Küstenschutz
Eindeichung von Wattflächen
Landwirtschaft
Beweidung der Salzwiesen

6

Nord-
Nationalpark
friesische
Schleswig-
Inseln
Husum

Nordsee
Holsteinisches
Heide
Helgoland
Meldorfer
Wattenmeer
Bucht
Itzehoe
Schiffahrtsweg
Cuxhaven
Elbe

Ostfriesische Inseln
Wattenmeer
Nationalpark
Niedersächsisches
Hamburg
Norden
Jever
Stade
Wilhelmshaven
Bremerhaven
Emden
Varel
Weser
0   50 km

7

1

Verkaufsverbot für Elbfische

Badeverbot an der Küste Jütlands

Ostsee:
„Wüste unter Wasser"

Britische Strände
stark verschmutzt

Explosion auf Ölplattform

Algen in der Ostsee –
ein blühendes Unheil

SOS für
Nord- und Ostsee

Katastrophenmeldungen über die Nord- und Ostsee erreichen uns immer häufiger. Tatsache ist, daß beide Meere stark verschmutzt sind, da viele Staaten diese Meere als Abfallkippe mißbrauchen. Der Abfall, den allein die Nordsee jährlich schlucken muß, würde einen Güterzug von 80 000 km Länge füllen. Dieser Zug würde zweimal um die Erde reichen.

Das Wasser ist bereits so verschmutzt, daß an manchen Küstenabschnitten der Badebetrieb verboten werden mußte. Trotzdem gelingt es den Anrainerstaaten nicht, sich auf wirksame Maßnahmen zum Schutz der Meere zu einigen. Es gelangen heute immer noch viel zu große Mengen an Schadstoffen in die Nord- und Ostsee.

Besonders alarmierend ist die Belastung der Ostsee durch Düngemittel. Durch intensive landwirtschaftliche Nutzung weiter Küstengebiete gelangen Mineraldünger und Gülle

2

3

5

in großen Mengen in das Meer. Das Algenwachstum steigt dadurch sprunghaft an. Bei der Zersetzung der abgestorbenen Algen wird viel Sauerstoff verbraucht, der den anderen Meereslebewesen, Tieren und Pflanzen, fehlt. Ein Viertel des Ostseebodens ist bereits Wüste.

Die negativen Folgen dieser Überdüngung werden verstärkt durch die Lage der Ostsee. Die Nordsee als **Randmeer** tauscht ihr Wasser alle drei Jahre mit dem Atlantik aus. Die Ostsee als **Binnenmeer** benötigt hierzu mehr als 30 Jahre.

1 Während eines Unterrichtsprojektes zeichnete Susanne der fünften Klasse dieses Bild (2). Welche Verursacher der **Meeresverschmutzung** hat sie dargestellt?

2 Nenne Auswirkungen der Meeresverschmutzung (Abbildungen 1, 2, 3, 4).

3 Viele Staaten leiten Schadstoffe in die beiden Meere: Nenne die Anrainerstaaten a) der Nordsee, b) der Ostsee.

4 Erkläre die Begriffe Randmeer und Binnenmeer mit Hilfe des Textkastens auf Seite 55. Benutze dabei auch den Atlas.

4

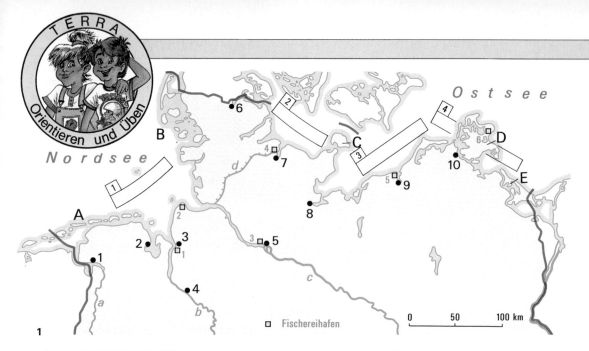

Fischereihafen

0   50   100 km

Grundbegriffe
Ausgleichsküste
Binnenhafen
Binnenmeer
Bodden
Boddenküste
Container
Deich
Ebbe
Flachküste
Flut
Förden
Fördenküste
Gezeiten (Tiden)
Hallig
Hinterland
Hochseefischerei
Kliff
Koog (Polder)
Küstenfischerei
Küstenschutz
Landgewinnung
Marsch
Meeres-
  verschmutzung
Nationalpark
Priel
Randmeer
Schlick
Seehafen
Steilküste
Sturmflut
Trichtermündung
Watt
Wattenmeer
Werft

1 Arbeite mit Karte (1):
a) Nenne die Küstenformen 1 bis 4.
b) Nenne die Inselgruppen/Inseln A bis E.
c) Nenne die Städte 1 bis 10.
d) Nenne die Flüsse/den Kanal a bis d.

2 Finde den richtigen Grundbegriff:
a) Rinnsale im Watt: …
b) Großer Transportbehälter für Stückgüter: …
c) Ablaufendes Meerwasser: …
d) Auflaufendes Meerwasser: …
e) Dem Meer wird Land abgerungen: …
f) Neu eingedeichtes Land: …
g) Sturm und Flut führen oft zur: …
h) Dunkler, schwerer Tonboden in Watt und Marsch: …

3 Was gehört zusammen?

Randmeer   – Küstenschutz
Binnenmeer   – Ausgleichsküste
Kliff   – Ostsee
Nehrung, Haff   – Nordsee
Deich   – Steilküste
Warft   – Seehafen
Werft   – Hallig
Nationalpark   – Tidenhub
Niedrig- und
Hochwasser   – Wattenmeer

4 Die „ungleichen Schwestern":
a) Die Nordsee ist ein …-meer und die Ostsee ein …-meer.
b) Dies hat zur Folge, daß sich die Gezeiten sehr unterschiedlich auswirken:
Tidenhub Nordseeküste bis …,
Tidenhub Ostseeküste bis …
c) Und die Küsten der beiden Meere zeigen unterschiedliche Formen: …
d) Die … hat einen sehr viel niedrigeren Salzgehalt, da der Wasseraustausch mit dem Weltmeer sehr behindert ist (3,5 kg pro 100 Liter gegen 0,5 kg pro 100 Liter).
e) Die … ist sehr viel häufiger von Stürmen und Sturmfluten betroffen.
f) An dieser Küste muß man keine Badezeiten festlegen: …

Kaum zu glauben
Ein Liter Meerwasser enthält bis zu zehn Millionen Kleinstlebewesen (Planktonteile). Im Wattboden leben in einer 40 cm tiefen Schicht eines Quadratmeters (1 m mal 1 m)
– bis zu 400 000 Schlickkrebse
– bis zu 100 000 Wattschnecken.
Insgesamt kommen darin über tausend verschiedene Tierarten vor.

2

3

Fischerei an Nord- und Ostsee

„Fisch ist das gesündeste Fleisch", meint Krabbenfischer Tadsen, als er sein Netz einholt. So wie Herr Tadsen und seine Helfer verdienen an Nord- und Ostsee viele Menschen ihr Geld in der Fischerei oder in der Fischindustrie und im Fischhandel. Die Mehrzahl der Fangschiffe der deutschen Seefischerei arbeiten küstennah. Sie kehren mit ihren Fängen fast täglich in ihre Hafenstandorte zurück und liefern ihre Heringe, Makrelen, Seelachse oder Aale „fangfrisch" an den örtlichen Handel.

Eine bedeutsame Rolle in der **Küstenfischerei** spielt der Krabbenfang in den Prielen des Wattenmeeres der Nordsee. Krabben – so sagt man dort zu den Garnelen – sind eine Delikatesse und erzielen einen guten Preis. Die Krabbenfischer des Wattenmeeres fangen außerdem Muscheln und Plattfische wie Schollen und Seezungen.

Die Fangmengen nehmen aber Jahr für Jahr ab, da die Bestände infolge Meeresverschmutzung und Überfischung immer kleiner werden.

Die deutsche Fischerei hat auch Anteil an der **Hochseefischerei**. Diese arbeitet mit großen Fabrikschiffen überwiegend in den Gewässern des Nordatlantiks, vor Island, Grönland und Neufundland. Bei ihren Monate dauernden Fangaufenthalten werden auf einer Fangfahrt etwa 2000 Tonnen Fisch an Bord verarbeitet: maschinell enthäutet, entgrätet, filetiert und anschließend tiefgefroren. Aus den Abfällen wird Fischmehl hergestellt, ein wertvolles Tierfutter. Der gefrostete Seefisch wird zum Beispiel in Bremerhaven, Deutschlands größtem Fischereihafen, angelandet und vermarktet.

4

5 Beschreibe mit Hilfe der Fotos (2) und (3) sowie des Textes die Krabbenfischerei.

6 Nenne drei wesentliche Unterschiede zwischen der Küstenfischerei und der Hochseefischerei (4).

7 Schildere die Aufgaben eines Fabrikschiffes.

8 Suche die Fanggebiete der Hochseefischerei auf einer Atlaskarte.

9 Benenne die in Karte (1) enthaltenen sechs Fischereihäfen.

2
Krabbenkochen an Bord

Krabbe = Garnele

Fisch ist eiweiß-, vitamin- und mineralstoffreich, aber fett- und kalorienarm.

Kutter
früher: einmastiges Segelschiff
heute: motorangetriebenes Schiff mit Hilfsbesegelung

73

Im Tiefland

Von der Küste bis zum Mittel-
gebirgsrand reicht das flache Land
im Norden Deutschlands. Die weiten Ebenen nutzt der Mensch heute
auf vielfältigste Weise. Einzigartige
Natur- und Erholungslandschaften,
fruchtbare Ackerbaugebiete, Räume
mit wertvollen Bodenschätzen finden sich hier ebenso wie große
Städte und Wirtschaftszentren.

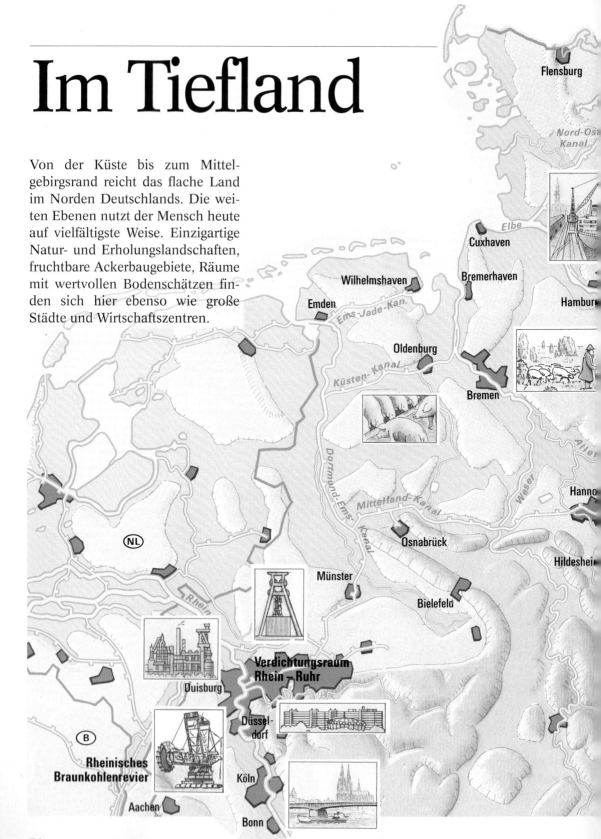

Flensburg

Nord-Os
Kanal

Elbe

Cuxhaven

Wilhelmshaven

Bremerhaven

Emden

Hambur

Ems-Jade-Kan.

Oldenburg

Küsten-Kanal

Bremen

Dortmund-Ems-Kanal

Mittelland-Kanal

Weser

Hanno

Osnabrück

NL

Hildeshei

Rhein

Münster

Bielefeld

Verdichtungsraum
Rhein – Ruhr

Duisburg

B

Düssel-
dorf

Rheinisches
Braunkohlenrevier

Köln

Aachen

Bonn

Kiel

Lübeck

Stralsund

Greifswald

Rostock

**Mecklenburgische
Seenplatte**

Elbe-
Lübeck-
Kanal

Schwerin

Stettin

Lüneburg

neburger

eide

Elbe-
Seiten-
Kanal

Elbe

Oder-Havel- Kan.

Oder

PL

**Verdichtungsraum
Berlin**

Wolfsburg

Mittelland-Kanal

Frankfurt

nschweig

Brandenburg

Spree

Oder-
Spree-
Kanal

Magdeburg

Magdeburger Börde

Wittenberg

Spreewald

Dessau

Cottbus

Bitterfeld

Elbe

Lausitzer Revier

Halle

**Verdichtungsraum
Halle – Leipzig**

Leipzig

Dresden

CZ

75

1
„Kleiner Markgrafen-
stein" bei Fürsten-
walde

2
Bei Prenzlau
3
Bei Baruth
4
Bei Chorin

Zuerst gaubte man an ein verwun-
schenes Schloß oder eine verzau-
berte Prinzessin.
1875 wurden dann in Rüdersdorf,
östlich von Berlin, Schrammen im
Kalkstein als Spuren von Gletschern gedeutet. Nun konnten Wis-
senschaftler beweisen: Die Findlinge sind durch mehrmalige Eis-
vorstöße aus Skandinavien ins
Norddeutsche Tiefland transportiert
worden. Auf diese Weise entstanden
auch vielgestaltige Oberflächenformen.

Im Eiszeitalter geprägt

**Was vor 150 Jahren noch niemand
wußte:**
Im Norddeutschen **Tiefland** begeg-
nen wir oft großen, mehrere Tonnen
schweren Gesteinsblöcken. Als diese
Brocken das erste Mal untersucht
wurden, fand man heraus, daß ihre
Heimat Skandinavien ist. Aber wie
sind diese **Findlinge** vom Norden
Europas in unser Tiefland gelangt?

3

2

Im Tiefland wechseln heute ebene
Niederungen mit höher gelegenen
Teilen, den **Platten**, ab. Die höchsten Erhebungen bilden der Nördliche und Südliche Landrücken. An
der Nordseeküste bestehen Teile des
Tieflandes aus Ablagerungen des
Meeres und der großen Flüsse. Man
nennt diese **Marsch**.
Im äußersten Süden bildet ein 30 bis
70 km breiter Lößgürtel den Übergang zum Mittelgebirgsland. Diese
Gebiete werden überwiegend acker-
baulich genutzt und als Gefilde
(Feld) oder Börden bezeichnet.

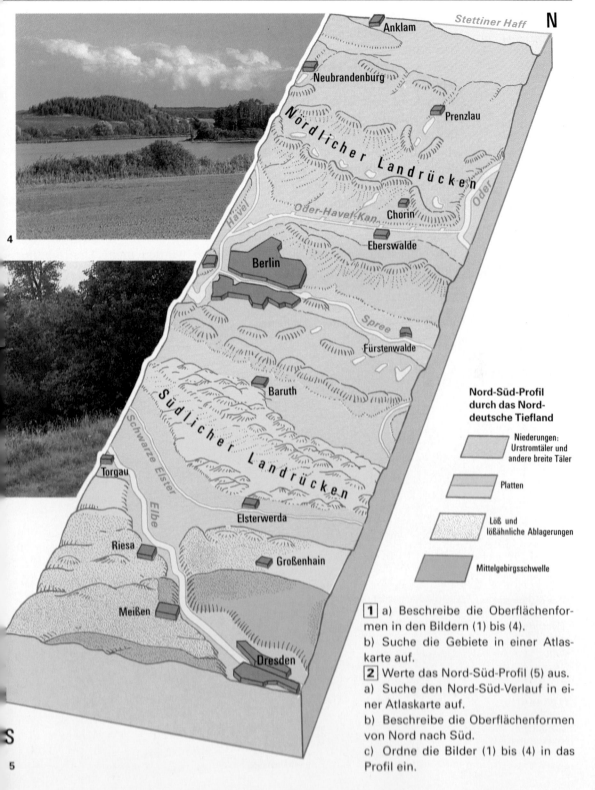

N

Anklam

Stettiner Haff

Neubrandenburg

Prenzlau

Nördlicher Landrücken

Havel

Oder-Havel-Kan.

Chorin

Oder

Eberswalde

Berlin

Spree

Fürstenwalde

Baruth

Südlicher Landrücken

Schwarze Elster

Torgau

Elbe

Elsterwerda

Riesa

Großenhain

Meißen

Dresden

S

**Nord-Süd-Profil
durch das Nord-
deutsche Tiefland**

Niederungen:
Urstromtäler und
andere breite Täler

Platten

Löß und
lößähnliche Ablagerungen

Mittelgebirgsschwelle

1 a) Beschreibe die Oberflächenformen in den Bildern (1) bis (4).
b) Suche die Gebiete in einer Atlaskarte auf.
2 Werte das Nord-Süd-Profil (5) aus.
a) Suche den Nord-Süd-Verlauf in einer Atlaskarte auf.
b) Beschreibe die Oberflächenformen
von Nord nach Süd.
c) Ordne die Bilder (1) bis (4) in das
Profil ein.

Im Tiefland

Im Eiszeitalter wechselten Kaltzeiten und Warmzeiten einander ab. In
den Kaltzeiten herrschten Temperaturen wie heute in Spitzbergen oder
Nordkanada. Der Niederschlag fiel
als Schnee, der auch im Sommer
nicht abtaute. In Tausenden von
Jahren bildete sich in Nordeuropa
eine über 2000 m mächtige Eis-
decke – das **Inlandeis**.

Mindestens dreimal drang dieses
Eis nach Süden vor. In der Eis-
masse waren Gesteinsblöcke und
feine Materialien wie Sand und
Ton eingeschlossen. Mit dem Beginn der Warmzeiten begann das

Inlandeis abzuschmelzen. Die mit-
geführten Materialien blieben als
Ablagerungen zurück. Am Eisrand
wurden diese teilweise zusammen-
geschoben. Es bildeten sich hügelige
Endmoränen. Die Ablagerungen
unter dem Inlandeis werden als
Grundmoräne bezeichnet. Das
Schmelzwasser spülte aus den
Moränen Kies und Sand aus. Es entstanden **Sander**, große Schotter-
und Sandflächen. In großen Abfluß-
bahnen sammelte sich das Wasser
und floß nach Nordwesten. Dadurch wurden breite **Urstromtäler**
geformt.

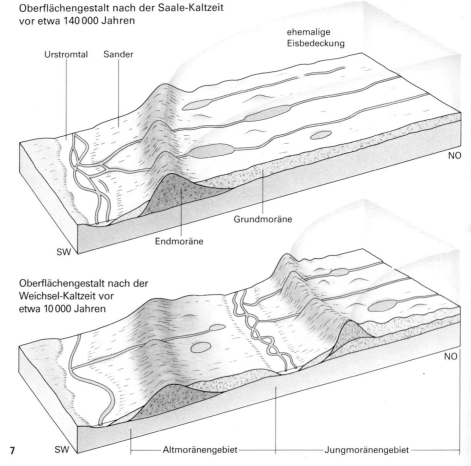

Oberflächengestalt nach der Saale-Kaltzeit
vor etwa 140 000 Jahren

ehemalige
Eisbedeckung

Urstromtal   Sander

NO

SW

Grundmoräne

Endmoräne

Oberflächengestalt nach der
Weichsel-Kaltzeit vor
etwa 10 000 Jahren

NO

7   SW

Altmoränengebiet   Jungmoränengebiet

Landschaftsgliederung

☐	Meer, tiefer als 20 m	
☐	Meer, flacher als 20 m	
☐	Wattenmeer	
☐	Marsch	
☐	Niederungen (Urstromtäler, Talauen)	
☐	Mittelgebirgsschwelle	

Landrücken, Platten

☐	Jungmoränenland (Hügelland)
☐	Altmoränenland (Geest)
~~	jüngere Endmoränen
~~	ältere Endmoränen

weitester Eisvorstoß

—·—·—	in der Weichsel-Eiszeit
— — —	in der Saale-Eiszeit
··········	in der Elster-Eiszeit
▨▨▨	Lößgürtel

8

3 Beschreibe mit Hilfe der Blockprofile (7), wie die einzelnen Oberflächenformen im Norddeutschen Tiefland entstanden sind.

4 Abbildung (6):
Vergleiche die Temperaturen von heute mit denen während der Kaltzeiten des Eiszeitalters.

5 a) Vergleiche mit Hilfe der Karte (8) die Oberfächenformen im Nördlichen und Südlichen Landrücken nach folgender Tabelle:

	Nördlicher Landrücken	Südlicher Landrücken
Alter		
höchste Erhebung		
Seen		
Flußnetz		

b) Erkläre die Bezeichnung Altmoränen- und Jungmoränengebiet.

1

Ackerbau in der Magdeburger Börde

Die Magdeburger Börde gehört zu den besten Ackerbaugebieten Deutschlands. Seit Jahrhunderten nutzen die Menschen den fruchtbaren, leicht zu bearbeitenden Boden.

Bördebauer Schulz berichtet: „Seit 1990 arbeite ich in der Agrarproduktionsgenossenschaft, kurz APRO genannt. Wir bauen vor allem Zuckerrüben und Weizen an, produzieren aber auch Milch und Fleisch. Insgesamt bewirtschaften wir eine Fläche von 1300 ha.

Unsere **Börde** ist ein **Gunstraum**. Die Natur bietet sehr gute Bedingungen für die Landwirtschaft. Wir können anspruchsvolle Pflanzen wie Zuckerrüben und Weizen anbauen, weil die **Schwarzerde** viele Mineralstoffe und Kalk enthält. Der Boden hat einen lockeren Aufbau, enthält wenig Steine und kann gut Wasser speichern. Die Pflanzen erhalten somit immer genügend Feuchtigkeit. In der ebenen bis flachwelligen Landschaft können wir große Maschinen einsetzen.

Aber es gibt auch viele Probleme. Durch intensiven Ackerbau wurde die Börde stark verändert. Auf die Natur wurde dabei nicht immer Rücksicht genommen. Die Felder sind so groß geworden, daß Wind und Wasser sehr leicht die wertvolle Humusschicht abtragen. Mit unseren schweren Maschinen haben wir den lockeren Boden verdichtet. Der Einsatz von Düngemitteln hat zur Belastung des Trinkwassers geführt.

**Schwarzerde und
Anbaufrüchte**

Schwarzerde

Löß

2

> **Wie der Löß entstand:**
> Während der Kaltzeiten des Eiszeitalters wehte der Wind aus den Moränen und Sanderflächen staubfeines Material in großen Wolken nach Süden. Am Nordrand der Mittelgebirge lagerte sich das Material an ersten Grashalmen in bis zu 10 m mächtigen Schichten ab. Als sich das Klima erwärmte, wuchs langsam wieder eine dichtere Pflanzendecke heran. Aus Löß hat sich eine humusreiche und kalkhaltige Schwarzerde gebildet.

3

Fruchtfolge

1. Jahr   Weizen

2. Jahr   Gerste

3. Jahr Zuckerrüben

4. Jahr Zuckerrüben

4

Jetzt müssen wir sparsamer mit Dünger umgehen.
Damit der Boden besser geschützt wird, werden Feldschutzstreifen aus Bäumen und Sträuchern angepflanzt. Außerdem bauen wir auf den Feldern jedes Jahr andere Pflanzen an. Mit dieser **Fruchtfolge** verhindern wir, daß die Nährstoffe des Bodens einseitig beansprucht werden.
Aber was nützen uns die besten Erträge, wenn wir die Produkte nicht verkaufen können? In unserer APRO sind 35 Mitarbeiter beschäftigt. Damit alle am Monatsende ihren Lohn erhalten, müssen wir kostengünstig produzieren und wettbewerbsfähig bleiben. Das ist auch in diesem Gunstraum keine leichte Aufgabe."

3 Werte den Bericht des Bördebauern Schulz aus:
a) Was meint der Bauer mit der Bezeichnung „Gunstraum"?
b) Vor welchen Problemen steht die APRO Derenburg?
4 a) Erkläre die Fruchtfolge (4).
b) Welche Folgen hätte ein Nichteinhalten der Fruchtfolge?

1 Beschreibe die Oberflächengestalt der Magdeburger Börde und deren Nutzung in den Fotos (1) und (3).
2 Arbeite mit Karte (5):
a) Bestimme die Lage der Börden in Deutschland.
b) Ermittle mit Hilfe einer Atlaskarte die Namen der Börden 1 bis 6.

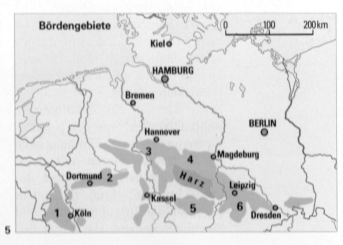

Bördengebiete

Kiel

HAMBURG

Bremen

Hannover

BERLIN

Dortmund 2

3   4 Magdeburg

Harz

Kassel

Leipzig

1   Köln

5

6 Dresden

0   100   200 km

5

81

1
An der Müritz

2
Ferien auf dem
Campingplatz bei
Waren

An der Müritz

Eine beeindruckende Naturlandschaft hat sich seit der Eiszeit im Raum der Mecklenburgischen Seenplatte entwickelt. Viele Wasserflächen mit ausgedehnten Schilfgürteln bieten im Frühjahr und Herbst Tausenden von Zugvögeln geschätzte Rastplätze. Selten gewordene Kraniche, Fisch- und Seeadler sowie Schwarzstörche brüten in schwer zugänglichen ufernahen Zonen. Wegen seiner einmaligen Tier- und Pflanzenwelt hat man große Flächen am Nordostufer des größten Sees Norddeutschlands, der Müritz, zum **Naturschutzgebiet** erklärt. Strenge Schutzbestimmungen sollen dafür sorgen, daß Pflanzen und Tiere sich möglichst ungestört entwickeln können.

Doch wie soll das funktionieren, wenn alljährlich Tausende Urlauberinnen und Urlauber Erholung beim Baden, Segeln, Surfen und vielen anderen Freizeitvergnügen an der Müritz suchen? Muß man nicht auch an die Bewohnerinnen und Bewohner denken, die durch den Tourismus ihren Lebensunterhalt verdienen? – Ein schwieriges Problem, wie soll man es lösen?

Das Zauberwort heißt „Müritz-Nationalpark". Ein ausgedehntes Wander- und Radwegenetz ermöglicht es den Touristen, die Schönheiten der Landschaft ohne Störung der geschützten Gebiete zu genießen. Vom Aussterben bedrohte Tier- und Pflanzenarten haben so eine Chance, sich in ihrem Bestand zu erholen.

Für die einheimische Wirtschaft gelten bestimmte Auflagen: Beschränkungen beim Holzeinschlag in den ausgedehnten Wäldern und naturnahe Nutzung der Feuchtwiesen, z. B. durch die kleinen und genügsamen Hochlandrinder.

Wenn sich Urlauber und Einheimische an die Auflagen halten, wird es gelingen, die Interessen von Wirtschaft und Tourismus mit den Forderungen des Naturschutzes in Einklang zu bringen.

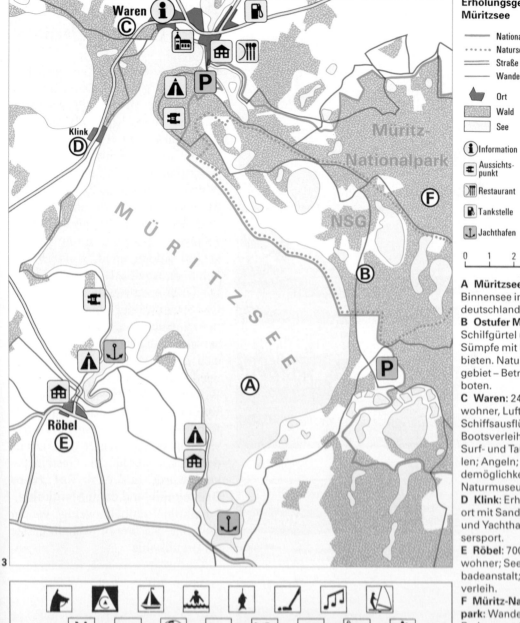

Erholungsgebiet Müritzsee

———	Nationalparkgrenze
· · · · ·	Naturschutzgebiet
═══	Straße
———	Wanderweg

Ort			
Wald			
See			

(i) Information		Kirche
Aussichts-punkt		Jugend-herberge
Restaurant		Camping-platz
Tankstelle		Parkplatz
Jachthafen		

0 1 2 3 km

A Müritzsee: Größter Binnensee in Nord-deutschland.
B Ostufer Müritz: Schilfgürtel und Sümpfe mit Brutge-bieten. Naturschutz-gebiet – Betreten ver-boten.
C Waren: 24 000 Ein-wohner, Luftkurort. Schiffsausflüge; Bootsverleih, Segel-, Surf- und Tauchschu-len; Angeln; Ba-demöglichkeiten. Naturmuseum.
D Klink: Erholungs-ort mit Sandstrand und Yachthafen. Was-sersport.
E Röbel: 7000 Ein-wohner; See-badeanstalt; Boots-verleih.
F Müritz-National-park: Wander- und Radwegenetz; Kutschfahrten; Füh-rungen.

1 Die Bildzeichen oder Piktogramme (4) geben an, was Gäste am Müritzsee unternehmen können.
a) Welche Störungen und Schäden sind zu erwarten?

b) Wie lassen sich Störungen und Schäden vermindern oder vermeiden? Diskutiert diese Fragen in Gruppen. Sucht euch in der Gruppe drei Pikto-gramme aus.

Entstehung der Steinkohle im Ruhrgebiet
(Steinkohlezeit: vor 400 bis 200 Mio. Jahren)

Kohle – ein wichtiger Bodenschatz

Die Kohle hat sich vor vielen Millionen Jahren gebildet. Damals gab es in unserem Gebiet ein wärmeres und feuchteres Klima als heute. In Niederungen an der Küste gab es Moore und Sumpfwälder mit Riesenfarnen und großen Schuppenbäumen. Von Zeit zu Zeit rückte das Meer vor und deckte alles mit Ton und Sand zu. Die absterbenden Pflanzen verwesten unter Luftabschluß jedoch nicht, sondern zerfielen zu **Torf**. Als sich das Land wieder hob, entstanden neue Moore und Sumpfwälder – bis das Meer erneut vorrückte und Ton- und Sandschichten ablagerte. Fast 200mal hat sich dieser Vorgang im Ruhrgebiet wiederholt.

Woher wir das wissen? Die vielen Kohlenschichten in der Erde – die Bergleute bezeichnen sie als **Flöze** – verraten es uns. Unter dem Druck der dicker werdenden Gesteinspakete wurde aus dem Torf zuerst **Braunkohle** und dann **Steinkohle**. Steinkohle enthält wenig Wasser und Gas. Sie brennt deshalb besser als Braunkohle.

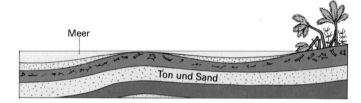

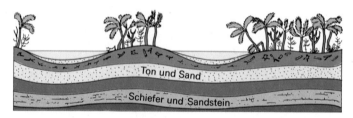

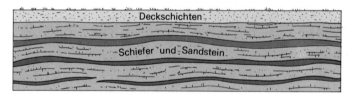

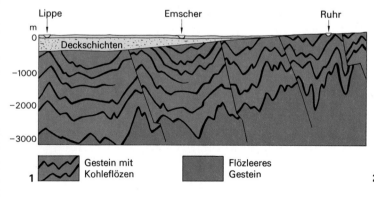

1

| Gestein mit Kohleflözen | Flözleeres Gestein |

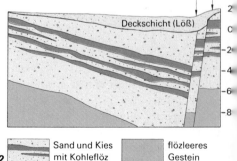

2

| Sand und Kies mit Kohleflöz | flözleeres Gestein |

Zweimal gab es in Deutschland eine Kohlezeit. Aus den Mooren und Sumpfwäldern der älteren Kohlezeit sind die Steinkohlenlagerstätten entstanden, aus denen der jüngeren Kohlezeit die Braunkohlenlagerstätten. Braunkohlenflöze können bei uns bis zu 100 m mächtig sein, Steinkohlenflöze dagegen nur 3,30 m. Die meisten Steinkohlenflöze sind jedoch nicht dicker als 1 m. Da sie außerdem durch Bewegungen der Erdkruste gefaltet und zerbrochen wurden, sind sie schlecht zu nutzen. Je weiter man nach Norden kommt, desto tiefer liegen die Flöze in der Erde.

Der **Bergbau** in Deutschland ist uralt. Schon vor über 1000 Jahren wurden im Siegerland Eisenerze und im Harz Silbererze abgebaut. Doch die meisten **Bodenschätze** sind inzwischen bei uns erschöpft. Nur noch vier werden in größerem Umfang gewonnen: Kohle, Salz, Erdöl und Erdgas. Und nur zwei davon sind ausreichend vorhanden: Kohle und Salz.

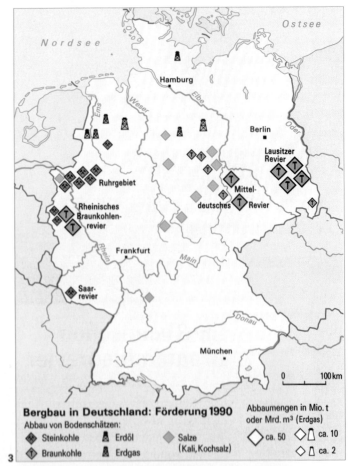

Bergbau in Deutschland: Förderung 1990
Abbau von Bodenschätzen:

Abbau von Bodenschätzen	Abbaumengen in Mio. t oder Mrd. m³ (Erdgas)
◈ Steinkohle ▲ Erdöl ◆ Salze (Kali, Kochsalz)	◇ ca. 50 ◇ ca. 10
⬧ Braunkohle ▲ Erdgas	◇ ca. 2

3

1 Vergleiche Torf, Braunkohle und Steinkohle in Abbildung (4).

2 a) Erkläre an der Abbildung (1) die Entstehung von Steinkohle im Ruhrgebiet.
b) Die am tiefsten liegende Steinkohle hat den besten Heizwert. Wie ist das zu erklären?

3 Vergleiche die Steinkohlenflöze und Braunkohlenflöze in Abbildung (2), und lege eine Tabelle an: Wie dick sind sie, wie tief liegen sie, wie stark sind sie gefaltet und zerbrochen?

4 In Deutschland gibt es zwei bedeutende Steinkohlenreviere und drei bedeutende Braunkohlenreviere (Karte 3). Schreibe sie auf.

5 Atlasarbeit: In welchem Bundesland Deutschlands wird am meisten Salz, Erdöl und Erdgas gewonnen?

Torf
Braunkohle
Steinkohle

4

1
Schaufelradbagger

2
Tagebau Garzweiler

Im Rheinischen Braunkohlenrevier

Kaum zu glauben:
Die Ausmaße eines
Schaufelradbaggers:
Höhe: 96 m
Länge: 225 m
Durchmesser des
Schaufelrades:
etwa 22 m
Der Bagger kann täg-
lich bis zu 240 000
Tonnen fördern,
soviel wie früher
40 000 Menschen
mit Hacke und
Schaufel.

Herr Schmitz ist Baggerführer. Aber nicht von so einem Bagger, wie du ihn auf jeder Baustelle sehen kannst, sondern von einem riesigen Schaufelradbagger. Herr Schmitz arbeitet im **Tagebau** Garzweiler, mitten im Rheinischen Braunkohlenrevier.

Er erzählt: „Ich komme mir oft ganz winzig vor, wenn ich morgens meine Maschine besteige. Wir sind zu fünft und bauen Braunkohle ab. Das sind die dunkelbraunen Schichten, die man hier sieht. Es gibt zwei Flöze, die zusammen 40 m dick sind und bis 160 m unter die Erdoberfläche reichen. Die grauen, gelben oder weißen Schichten darüber, das ist Sand. Und obendrauf liegt der goldgelbe Löß. Löß und Sand werden zuerst weggeräumt, bevor wir an die Braunkohle kommen. Das

machen andere Schaufelradbagger. Die große Maschine dort drüben ist ein Absetzer. Der kippt den Sand und Löß weg. Für den Transport haben wir kilometerlange Förderbänder und Eisenbahnen. Weil der Abbau überwiegend mechanisiert ist, ist unsere Kohle fast konkurrenzlos billig.

Vorne neben dem Schaufelrad steht mein Kollege Karl Wührl. Er dirigiert mich per Funk, damit ich keinen Sand fördere. Aus dem ganzen Tagebau hier werden Jahr für Jahr 40 Mio. Tonnen Braunkohle gefördert. Um mir die gewaltige Menge vorstellen zu können, denke ich manchmal an unser Auto zu Hause – das wiegt etwa eine Tonne."

1 Vergleiche die Größe des Schaufel-
rads (1) mit Gebäuden in deinem Ort.

2 Bescheibe das Foto (2). Die Skizze
(3) hilft dir dabei; sie weist auf wichtige
Einzelheiten hin.

3 Lege Transparentpapier über das
Foto (2), und trage ein, in welche Richtung der Tagebau „wandert".

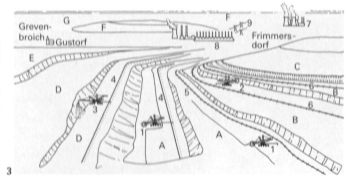

1
Silbersee

3

3
Ausgekohlter Tagebau nördlich von Lohsa

2
Ehemaliger Tagebau Glückauf II:
Durch den Tagebau zerstörte Fläche:
Gesamt: 745 ha
davon: 170 ha LF
379 ha FN
196 ha SN

Wieder nutzbar gemachte Fläche:
Gesamt: 732 ha
davon: 112 ha LF
215 ha FN
405 ha SN
(davon Silbersee: 340 ha)

LF = Landwirtschaftlich genutzte Fläche
FN = Forstwirtschaftliche Nutzfläche
SN = Sonstige Nutzfläche (vorwiegend Teiche)

Im Lausitzer Braunkohlenrevier

Fast ein Viertel der deutschen Braunkohlevorräte, etwa 13 Milliarden Tonnen, lagern im Lausitzer Revier zwischen Elbe und Neiße. Seit über 100 Jahren wird in diesem Gebiet Bergbau betrieben. Der Abbau und die Verarbeitung der Braunkohle haben dort zu großen Veränderungen und Schäden der Landschaft geführt. Nur ein kleiner Teil der riesigen Tagebaue wurde rekultiviert, das heißt wieder nutzbar gemacht, denn die **Rekultivierung** konnte mit dem Tempo des Braunkohleabbaus nicht Schritt halten. Teilweise hat man sie auch vernachlässigt.

Die Umgebung von Lohsa zeigt eine gelungene Rekultivierung. Der größte Anteil der Kippenflächen ist bereits aufgeforstet. Der Silbersee, ein Tagebausee, wurde zu einem Wasserspeicher ausgebaut. Gleichzeitig entstanden auf dem ehemaligen Tagebaugelände die ersten größeren landwirtschaftlich genutzten Flächen im Lausitzer Revier.

Dazu wurden erstmals feine Sande und Tone, Ablagerungen des Inlandeises, als Boden aufgetragen. Östlich von Lohsa hat man, bislang einmalig auf der Welt, Fischteiche im Bereich der Abraumkippen angelegt. Dabei wurden die Randgebiete des ehemaligen Tagebaus so geformt und bepflanzt, daß eine Verbindung mit der ursprünglichen Landschaft gelungen ist. Diese Bergbaufolgelandschaften werden sich im Laufe der Zeit zu neuen Naturräumen entwickeln.

1 Werte die Karten (4) und (5) von Lohsa aus:
a) Wie nutzte der Mensch die Landschaft vor 50 Jahren?
b) Welche Veränderungen durch den Bergbau kannst du erkennen?
c) Wie wird die Landschaft heute genutzt?
2 Fertige einen Bericht zum Thema „Der Braunkohlenabbau verändert die Landschaft" an.
3 Welche Maßnahmen der Rekultivierung wurden im Gebiet um Lohsa durchgeführt? Werte dazu den Text aus.

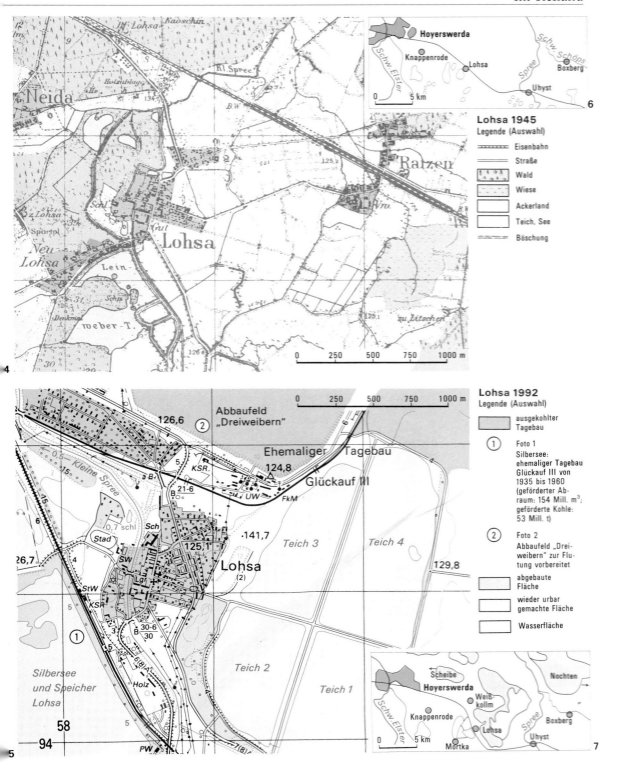

Lohsa 1945
Legende (Auswahl)

━━━━━━	Eisenbahn
═════	Straße
🌲🌲🌲	Wald
░░░░	Wiese
	Ackerland
	Teich, See
﹏﹏	Böschung

0 250 500 750 1000 m

Lohsa 1992
Legende (Auswahl)

ausgekohlter Tagebau

① Foto 1
Silbersee: ehemaliger Tagebau Glückauf III von 1935 bis 1960 (geförderter Abraum: 154 Mill. m³; geförderte Kohle: 53 Mill. t)

② Foto 2
Abbaufeld „Dreiweibern" zur Flutung vorbereitet

abgebaute Fläche

wieder urbar gemachte Fläche

Wasserfläche

Abbaufeld „Dreiweibern"

Ehemaliger Tagebau

Glückauf III

0 250 500 750 1000 m

Steinkohle von der Lippe

„Glück auf!" so grüßen die Bergleute einander. Sie sind auf dem Weg zu ihrem Arbeitsplatz unter Tage. Denn bei uns kann die Steinkohle heute nur im **Tief-** oder **Untertagebau** gewonnen werden.

In einem Förderkorb fahren sie mit 30 km/h zur 9. Sohle in 820 m Tiefe. Dort geht es mit dem Zug in Richtung Abbau weiter. Es wird merklich schwüler. Hier in dieser Tiefe wäre es über 40 °C heiß, wenn nicht große Grubenlüfter kühle Frischluft zuführen würden. Aber auch bei 26 °C fällt es schwer zu arbeiten.

Weiter geht es mit Sesselliften und zu Fuß bis zum Abbau in 900 m Tiefe. Hier wird gerade ein 1,90 m mächtiger Kohlenflöz abgebaut. Auf 250 m Länge stehen große bewegliche Stahlschilde nebeneinander und stützen das Gebirge darüber ab. Früher mußten die Bergleute viele Holzstempel setzen, um das Koh-

Sohle
Stockwerk des Grubengebäudes unter Tage

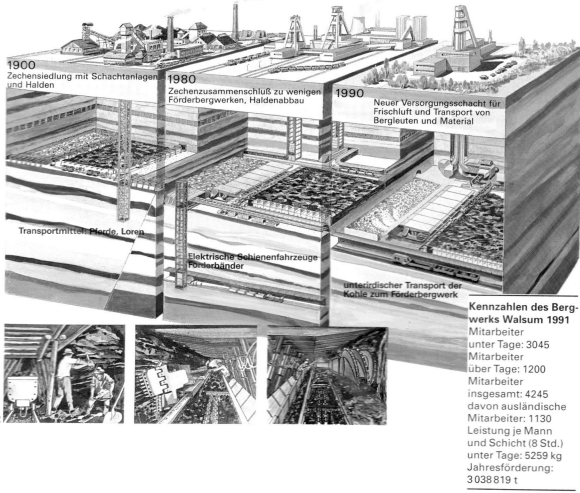

1900
Zechensiedlung mit Schachtanlagen und Halden

Transportmittel: Pferde, Loren

1980
Zechenzusammenschluß zu wenigen Förderbergwerken, Haldenabbau

Elektrische Schienenfahrzeuge Förderbänder

1990
Neuer Versorgungsschacht für Frischluft und Transport von Bergleuten und Material

unterirdischer Transport der Kohle zum Förderbergwerk

Kennzahlen des Bergwerks Walsum 1991
Mitarbeiter unter Tage: 3045
Mitarbeiter über Tage: 1200
Mitarbeiter insgesamt: 4245
davon ausländische Mitarbeiter: 1130
Leistung je Mann und Schicht (8 Std.) unter Tage: 5259 kg
Jahresförderung: 3 038 819 t

3

lenflöz mit Spitzhacke und Schaufel abbauen zu können. Für diese Arbeit brauchte man viele Beschäftigte. Heute schaffen es ein paar Bergleute. Sie schneiden mit dem 20 Tonnen schweren Walzenschrämlader oder mit dem Kohlehobel dicke Streifen Kohle aus dem Flöz. Die Kohle poltert auf eine Förderschiene. Mit dem Zug und dem Förderkorb wird sie an die Oberfläche geholt und in der Aufbereitungsanlage vom Gestein getrennt.

An der Ruhr arbeiten schon lange keine Zechen mehr. Die Zukunft des Steinkohlenbergbaus liegt unter den Feldern des Münsterlandes. Von dort wird die Kohle unter Tage zu den alten Förderschächten im Süden gebracht.

Ein Teil der Kohle wird direkt im Ruhrgebiet in den Kraftwerken zur Stromerzeugung oder in der Industrie verbraucht. Ferner bringen Binnenschiffe und Züge große Mengen Steinkohle vom Ruhrgebiet zu Kraftwerken in ganz Deutschland.

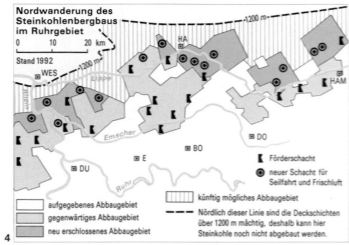

4 Nordwanderung des Steinkohlenbergbaus im Ruhrgebiet

0   10   20 km

Stand 1992

Förderschacht

neuer Schacht für Seilfahrt und Frischluft

künftig mögliches Abbaugebiet

Nördlich dieser Linie sind die Deckschichten über 1200 m mächtig, deshalb kann hier Steinkohle noch nicht abgebaut werden.

aufgegebenes Abbaugebiet
gegenwärtiges Abbaugebiet
neu erschlossenes Abbaugebiet

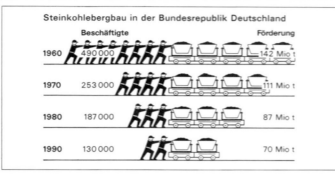

5 Steinkohlebergbau in der Bundesrepublik Deutschland

Beschäftigte — Förderung

1960 · 490 000 · 142 Mio t
1970 · 253 000 · 111 Mio t
1980 · 187 000 · 87 Mio t
1990 · 130 000 · 70 Mio t

1 a) Zeichnung (2): Worin unterscheidet sich eine alte Schachtanlage von einem heutigen Bergwerk?
b) Wozu dienen die neuen Schächte?
2 Was sagt Karte (4) über die „Wanderung" des Steinkohlenbergbaus aus?
3 Die Steinkohlenförderung eines Bergmanns je Schicht betrug im Jahr 1957 noch 1600 kg. Erkläre, warum die Schichtleistung heute 5000 kg beträgt.
4 Beschreibe die Veränderungen der Beschäftigungszahl und die Fördermenge im Steinkohlenbergbau (Abbildung 5).
5 a) Nenne anhand Zeichnung (6) die wichtigsten Abnehmer der Stein- und Braunkohle.
b) Stelle die Unterschiede heraus.

6 Kunden der deutschen Kohle 1991

Absatz Steinkohle
insgesamt 74 Mio. Tonnen
davon:

Absatz Braunkohle
insgesamt 207 Mio. Tonnen
davon:

46 — Kraftwerke — 174

19 — Eisen- und Stahlindustrie

4 — Wärmemarkt (Haushalte/Industrie) — 33

5 — Export

Beachte: Steinkohle hat den dreifachen Heizwert wie Braunkohle

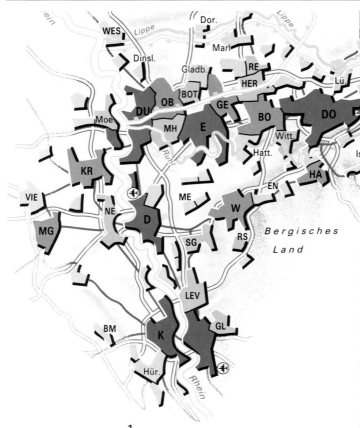

Größe der Städte im
Rheinisch-Westfälischen
Industriegebiet

unter
100000 Einw.

100000 bis
200000 Einw.

200000 bis
500000 Einw.

über
500000 Einw.

1

Köln am Rhein

2

Rhein-Ruhr-Gebiet: die größte deutsche „Stadt"

Rund 10 Millionen Menschen leben an Rhein und Ruhr zwischen Mönchengladbach und Hamm sowie zwischen Wesel und Bonn. Hier gibt es viele Klein- und Großstädte auf engstem Raum. Es ist ein Gebiet mit hoher Bevölkerungsdichte. Diese Anhäufung von Wohngebieten, Industrieflächen, Autobahnen und Grünzonen lassen einem Fremden das Rhein-Ruhr-Gebiet als eine große Stadt erscheinen. Ein solches Gebiet, wo viele Menschen leben und arbeiten, bezeichnet man als **Verdichtungsraum**.

Das Rhein-Ruhr-Gebiet ist der größte Verdichtungsraum Deutschlands. Er läßt sich in vier größere Teile untergliedern:
– das Gebiet am Rhein zwischen Bonn, Köln und Düsseldorf als Rheinachse,
– das Gebiet am linken Niederrhein mit Krefeld und Mönchengladbach,
– das bergisch-sauerländische Gebiet von Solingen über Wuppertal bis Hagen,
– das Ruhrgebiet mit der Städteballung zwischen Ruhr und Lippe.

ren und weiteren Umgebung des Ruhrgebietes sowie durch Arbeiter aus Ostdeutschland und Polen gedeckt werden. In den 50er und 60er Jahren wurden Arbeiter in südeuropäischen Ländern und in der Türkei angeworben. So wurden aus Dörfern Städte und aus kleinen Siedlungen Großstädte, die allmählich zusammenwuchsen.

Jeder Teil des Verdichtungsraumes Rhein-Ruhr verfügt über mehrere Zentren. In ihnen findet man ein Hauptgeschäftszentrum, Theater, eine Universität, ein großes Sportstadion, Museen und vieles mehr. Die Einwohner des Rhein-Ruhr-Gebietes wissen diese Vielfalt zu schätzen. Aber wo viele Menschen leben und arbeiten, entsteht auch viel Verkehr: Pendler fahren zur Arbeit, Industriegüter und Waren werden transportiert. Trotz eines dichten Straßennetzes bleiben kilometerlange Staus nicht aus. Die vielen Kraftfahrzeuge tragen heute entscheidend zu Luftverschmutzung und Lärmbelästigung bei. Ohne die öffenlichen Verkehrsmittel wäre der Verkehr schon längst zum Erliegen gekommen.

Im Ruhrgebiet ist die Entwicklung zum Verdichtungsraum sehr gut zu verfolgen. Äcker, Wiesen, Sümpfe und Wälder prägten noch zu Beginn des letzten Jahrhunderts die Landschaft. Essen, Dortmund, Mühlheim und Duisburg waren damals kleine Städte mit etwa 10000 Einwohnern. Heute sind die Siedlungen so eng zusammengewachsen, daß die Grenzen der einzelnen Städte nicht mehr wahrzunehmen sind. Der Motor dieser Entwicklung war der Steinkohlenbergbau. Zusammen mit dem Bergbau entstanden im letzten Jahrhundert Eisen-, Stahl- und Walzwerke sowie weitere Industriebetriebe. Der wachsende Bedarf an Arbeitskräften konnte nur durch Zuwanderung aus der nähe-

Entwicklung der Einwohnerzahlen in Essen
(in 1000)

1871: 137
1905: 465
1992: 626

1 Wie viele Städte mit über 500000 Einwohnern gibt es im Rhein-Ruhr-Gebiet?

2 a) Miß die Entfernungen zwischen Mönchengladbach und Hamm sowie zwischen Wesel und Bonn.
b) Wie weit reichen die gemessenen Strecken von deinem Heimatort aus?

3 Beschreibe die Veränderungen im Ruhrgebiet am Beispiel Essen (Abbildungen 3 bis 5).

4 Nenne charakteristische Merkmale eines Verdichtungsraumes.

5 Welche Vor- und Nachteile hat das Leben in einem Verdichtungsraum?

93

Revier im Wandel

Kohle, Eisen und Stahl prägten etwa 150 Jahre lang die Wirtschaft des Ruhrgebietes. Seit Ende der 50er Jahre das billigere Erdöl die Kohle als Energierohstoff verdrängte, mußten in der Folgezeit zahlreiche Bergwerke schließen. Der Steinkohlenkrise folgte in den 70er Jahren die Stahlkrise. Betriebsschließungen führten zum Verlust weiterer Arbeitsplätze. Hunderttausende verloren im Ruhrgebiet ihre Arbeit. Viele Menschen verließen das Revier und suchten in anderen Gebieten Deutschlands eine neue Beschäftigung. Um zu verhindern, daß immer mehr abwanderten, bemühte man sich, neue Arbeitsplätze zu schaffen und die Attraktivität in kulturellen und anderen Bereichen zu erhöhen.

Industrie- und Beschäftigungswandel

Dank günstiger Voraussetzungen gelang bisher die Ansiedlung neuer Industriebetriebe. Maschinenbau, Elektrotechnik, chemische Industrie und Fahrzeugbau lockerten die frühere einseitige Industriestruktur auf. Man gründete zudem **Technologiezentren** und -parks. Hier sind Firmen zu Hause, deren Erzeugnisse für Computertechnik, Energietechnik, Umweltschutz und andere Bereiche von Bedeutung sind. Diese High-Tech-Firmen benötigen ihrerseits die Nähe zu Hochschulen und Forschungsinstituten, damit der Austausch neuester Forschungsergebnisse gewährleistet ist. Noch mehr Menschen arbeiten inzwischen im Handel, in der Verwaltung oder in anderen **Dienstleistungsbereichen**.

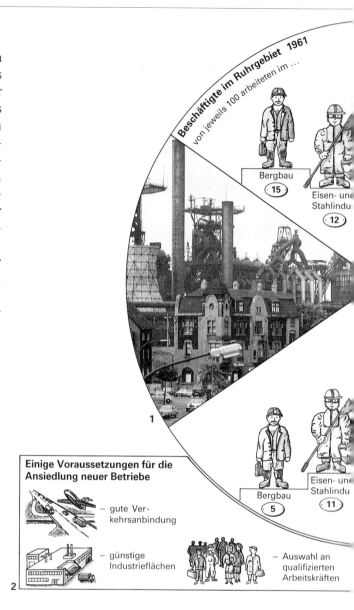

Beschäftigte im Ruhrgebiet 1961
von jeweils 100 arbeiteten im ...

Bergbau 15
Eisen- und Stahlindu... 12

Bergbau 5
Eisen- und Stahlindu... 11

1

Einige Voraussetzungen für die Ansiedlung neuer Betriebe

– gute Verkehrsanbindung

– günstige Industrieflächen

– Auswahl an qualifizierten Arbeitskräften

2

3   4

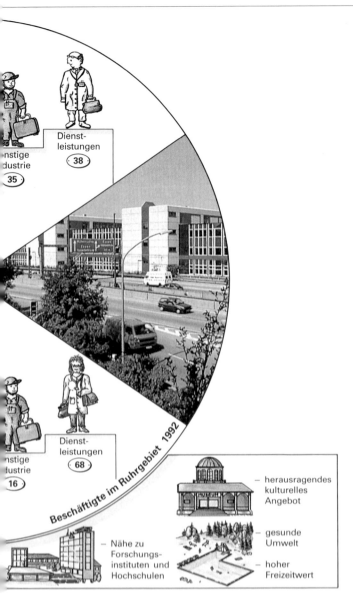

Beschäftigte im Ruhrgebiet 1992

Ausbau der Bildungseinrichtungen

Besonders wichtig für die Erneuerung des Reviers war die Gründung von Hochschulen. Erst 1965 eröffnete in Bochum die erste Universität. Heute ist das Ruhrgebiet die dichteste Hochschul- und Forschungslandschaft in Europa.

Erneuerung der Städte

Die Attraktivität der Siedlungen und Städte wurde dadurch erhöht, daß z. B. Gebäude saniert, Innenstädte mit Fußgängerzonen ausgebaut und Grünzonen angelegt wurden. Ebenso wurde die Ausstattung mit Theatern, Museen und anderen kulturellen Einrichtungen verbessert.

Gründung von Revierparks

Neue großflächige Freizeitanlagen mit Sport- und Spielflächen, Wellenbad, Eislaufhalle, Freizeithäusern und Restaurants ergänzen heute das Angebot an Sport- und Freizeiteinrichtungen.

Imagewandel

Für die über fünf Millionen Menschen im Ruhrgebiet trifft das Image „Die Leute vom Kohlenpott" nicht mehr zu. Das neue Motto lautet: „Das Ruhrgebiet – ein starkes Stück Deutschland".

1 Warum haben viele Menschen das Ruhrgebiet seit 1960 verlassen?

2 Vergleiche mit Hilfe von Abbildung (1) die Beschäftigungsstruktur von 1961 mit 1992.

3 Abbildung (2): Nenne einige günstige Voraussetzungen für die Ansiedlung neuer Betriebe.

4 Worin zeigt sich der Wandel im Ruhrgebiet? Verwende die Fotos (1), (3) bis (6) und den Text.

**Leuna-Werke,
Teilansicht**
(gegründet 1917/18)
Beschäftigte:
27 000 (1989)
  7 500 (1993)
Benzin, verschiedene
Ölsorten, Kunststoffe,
Leime, Klebstoffe,
Harze und Lackroh-
stoffe, Arzneimittel ...

1

Verdichtungsraum Halle – Leipzig – Dessau

Der **Verdichtungsraum** um Halle, Leipzig und Dessau gehört zu den größten Industriegebieten Deutschlands. Die Natur bot ausgezeichnete Bedingungen für den Aufbau von Fabriken. Rohstoffe wie Braunkohle, Salze und Wasser, Baustoffe wie Tone, Sande und Kiese, ausreichend Bauland und eine gute Verkehrslage begünstigten hier die

2

Legende:

	Braunkohletagebau
	aufgegebener Braunkohletagebau
Ⓚ	Kalisalz
Ⓝ	Kochsalz
•—•—	Erdölleitung
╫╫╫	Erdgasleitung
Ⅱ	Erdölraffinerie
⚡	Wärmekraftwerk
⚒	stillgelegtes Wärmekraftwerk bzw. die Stillegung ist vorgesehen
——	Eisenbahn
═══	Autobahn
═══	wichtige Straße

	Leichtmetallverhüttung
	Schwerindustrie
⚙	Maschinenbau
	Schienenfahrzeugbau
	Metallwaren
⚡	Elektrotechnik, Elektronik
	Textilindustrie, Bekleidung
	Schuhe
	Chemische Industrie
	Druckereien, Verlage
	Gummiindustrie
△	Zuckerfabrik
▢	Wald

96

Zusammenarbeit mit bereits bestehenden Fabriken – das sind die Hauptgründe für die Ansiedlung moderner und umweltfreundlicher Betriebe. An besonders verkehrsgünstigen Stellen entstehen Gewerbegebiete. Das sind Gebiete, in denen mehrere kleinere und mittlere Industriebetriebe aufgebaut werden. Hier entstehen neue und moderne Arbeitsplätze.

Errichtung vieler Großbetriebe.
Vor mehr als 100 Jahren entstanden die ersten Anlagen der Chemischen Industrie. Man benötigte Energie – große Braunkohlekraftwerke wurden aufgebaut. Außerdem entwickelten sich Maschinenbaubetriebe, die Arbeit für viele boten. Nach dem 2. Weltkrieg wurde der Verdichtungsraum Halle – Leipzig – Dessau zum wichtigsten Industriezentrum im Osten Deutschlands. Neben der Kohle nutzte nun die Chemische Industrie zunehmend Erdöl und Erdgas aus Rußland. Die meisten Produkte wurden nach Osteuropa ausgeführt. Neue Anlagen entstanden, aber auch die alten Fabriken produzierten weiter und verschmutzten die Umwelt sehr stark. Daher legte man viele dieser alten Anlagen nach 1990 still. Arbeitsplätze gingen verloren, die Industrie geriet in die Krise.
Welche Zukunft hat die Region Halle – Leipzig – Dessau?
Das gesamte Gebiet bietet für die Wirtschaft gute Bedingungen. Ausgebaute Verkehrswege, gut ausgebildete Arbeiter, Möglichkeiten der

3

Halle (Neustadt)
• seit 1964 in Betonbauweise auf der „grünen Wiese" errichtet, heute 94 000 Einwohner, 43 Kindergärten, 29 Schulen, Kaufhallen, Gaststätten, Klinik…
• errichtet als „Arbeiterwohnstadt" für Chemiearbeiter der LEUNA- und BUNA-Werke

1 a) Nenne die Merkmale eines Verdichtungsraumes. Benutze dazu die Abbildungen (1), (2) und (3).
b) Ermittle mit Hilfe der Karte (1) auf S. 180 weitere Verdichtungsräume in Deutschland.
c) Zeige weitere Standorte der Chemischen Industrie anhand der Karte (1) auf S. 178.

2 Werte die Tabelle (4) aus. Nenne mögliche Gründe für die Veränderung der Beschäftigungszahlen.

Beschäftigte	1989	1993
Chemie AG Bitterfeld	17 500	5 200
Buna-Werke	19 800	6 500
Leuna-Werke	27 000	7 800
Filmfabrik Wolfen	13 000	1 300

4

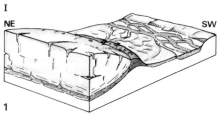

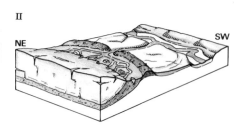

1 Wer weiß Bescheid?

Die Oberflächengestalt des Norddeutschen Tieflandes wurde im Eiszeitalter entscheidend geprägt.

a) Beschreibe die dargestellte Landschaftsentwicklung im Norddeutschen Tiefland (Bild I bis III).

b) Benenne die Oberflächenformen A bis D in Bild III.

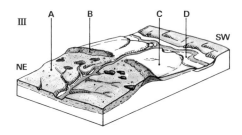

2 Kennst du die Begriffe?

Suche und erkläre die fünf weiteren Begriffe im Buchstabenfeld.

E	M	O	T	R	B	C	B	Z	P	X
I	N	R	F	O	S	V	O	C	A	C
S	C	H	W	A	R	Z	E	R	D	E
Z	T	I	K	Z	M	I	R	Q	C	T
E	X	L	O	E	S	S	D	Y	E	P
I	R	P	C	D	L	K	E	S	S	R
T	I	E	F	L	A	N	D	W	T	Z
E	O	T	C	M	R	S	V	U	B	T
N	W	F	I	N	D	L	I	N	G	E

3 In nachfolgendem Silbenrätsel kannst du dein Wissen überprüfen. Aus diesen Silben sind 15 Wörter zu bilden:

arbeits – burg – den – dorf – düssel – duis – elster – erd – fläche – indu – indu – kräfte – lader – lip – logie – lung – natur – nor – öl – park – park – pe – revier – salz – schräm – schutz – sied – strie – strie – techno – um – walzen

Grundbegriffe

Bergbau
Bodenschatz
Börde
Braunkohle
Dienstleistungs-
bereich
Eiszeitalter
Endmoräne
Findling
Flöz
Fruchtfolge
Grundmoräne
Gunstraum
Inlandeis
Löß
Marsch
Naturschutz-
gebiet
Niederung
Platte
Rekultivierung
Sander
Schwarzerde
Steinkohle
Tagebau
Technologie-
zentrum
Tiefland
Torf
Untertagebau/
Tiefbau
Urstromtal
Verdichtungs-
raum

1. Teilbereich der Wirtschaft
2. Wanderungsrichtung des Steinkohlenbergbaus im Ruhrgebiet
3. Stadt im Ruhrgebiet mit dem größten Binnenhafen Deutschlands
4. Verlegung von Orten an eine andere Stelle in Tagebaugebieten
5. Wichtiger Rohstoff für die chemische Industrie in Bitterfeld
6. Gelände für die Ansiedlung von High-Tech-Firmen
7. Freizeitanlagen im Ruhrgebiet
8. Für die Ansiedlung von Industriebetrieben von großer Wichtigkeit
9. Fließt als Weiße und Schwarze an Braunkohlenrevieren vorbei
10. Maschine zum Steinkohlenabbau
11. Ohne sie läuft in der Wirtschaft überhaupt nichts
12. Erhaltung naturnaher Landschaft
13. Landeshauptstadt am Rhein
14. Rohstoff für Erdölchemie
15. Fluß oder Teil des Mundes

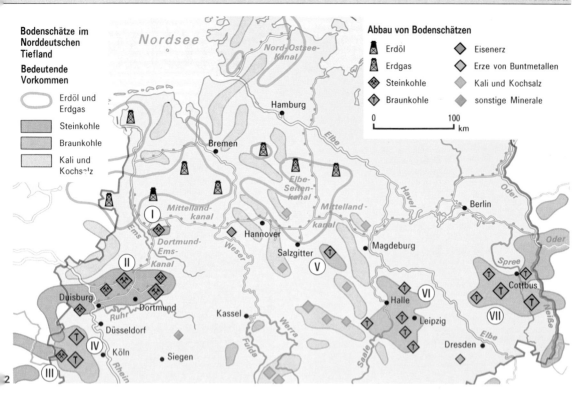

Bodenschätze im Norddeutschen Tiefland

Bedeutende Vorkommen

Erdöl und Erdgas

Steinkohle

Braunkohle

Kali und Kochsalz

Nordsee

Nord-Ostsee-Kanal

Hamburg

Bremen

Elbe

Elbe-Seiten-kanal

Mittelland-kanal

Mittelland-kanal

Havel

Oder

Berlin

I

Dortmund-Ems-Kanal

Ems

Weser

Hannover

Salzgitter

V

Magdeburg

Oder

Spree

II

Duisburg

Dortmund

Ruhr

Kassel

Werra

Fulda

Halle

VI

Leipzig

Cottbus

Neiße

VII

Düsseldorf

IV

Köln

Siegen

Saale

Dresden

Elbe

III

Rhein

Abbau von Bodenschätzen

Erdöl   Eisenerz

Erdgas   Erze von Buntmetallen

Steinkohle   Kali und Kochsalz

Braunkohle   sonstige Minerale

0   100 km

2

4 Arbeite mit Karte (2) und Atlas:
a) Ordne den Zahlen folgende Namen zu: Ruhrrevier, Rheinisches Revier, Lausitzer Revier, Aachener Revier, Mitteldeutsches Revier, Helmstedter Revier, Ibbenbühren.
b) In welchen der genannten Gebiete fördert man Braunkohle, wo Steinkohle?

c) In welchem Bundesland wird die größte Menge an Kochsalz und Kalisalz abgebaut?
d) Welche weiteren Bodenschätze kommen noch im Tiefland vor, und wo liegen deren Fördergebiete?
5 Beschreibe die Fotos (3) und (4). Wende dazu dein Wissen aus dem Rheinischen und dem Lausitzer Braunkohlenrevier an.

3
Landschaft bei Kaster (Ville) 1975
4
Landschaft bei Kaster (Ville) 1988

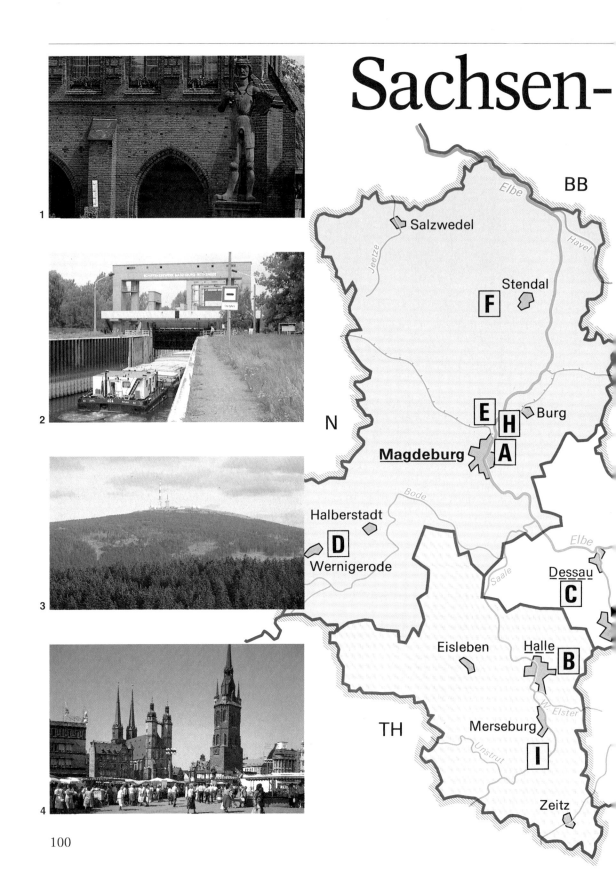

Sachsen-

1

2

3

4

N

BB

Elbe

Havel

Salzwedel

Jeetze

Stendal

F

E H

A

Burg

Magdeburg

Bode

Halberstadt

D

Wernigerode

Saale

Elbe

Dessau

C

Eisleben

Halle

B

TH

Merseburg

I

W. Elster

Unstrut

Zeitz

Anhalt

Unser Bundesland ist das acht-größte Bundesland Deutschlands. Es erstreckt sich vom Norddeutschen Tiefland bis in den Mittelgebirgsraum hinein. Aufgrund seiner natürlichen Gegebenheiten sind die Voraussetzungen für die Landwirtschaft und die Entwicklung der Industrie günstig. Aber auch wegen seiner landschaftlichen Schönheit und berühmter Sehenswürdigkeiten wird es gerne von Touristen besucht. Aus allen Landesteilen findest du Bilder. Schaue sie dir genau an, und ordne sie den Buchstaben in der Karte zu.

5

Wittenberg

6

7

8

9

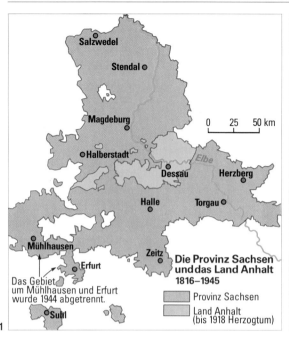

Die Provinz Sachsen und das Land Anhalt 1816–1945

0 25 50 km

Das Gebiet um Mühlhausen und Erfurt wurde 1944 abgetrennt.

Provinz Sachsen
Land Anhalt (bis 1918 Herzogtum)

1

Das Land Sachsen-Anhalt in der Sowjetischen Zone (1945–1949) und späteren DDR (1949–1952)

0 25 50 km

3

Provinz Sachsen

Land Anhalt

Von der Provinz zum Bundesland

Sandra wohnt in Stendal. Hier geht sie auch zur Schule. In Stendal wohnten schon die Vorfahren ihrer Mutter. Sandra hat sogar noch ihre Urgroßmutter gekannt. Manchmal hat sie Sandra erzählt, daß sie in Berlin den Kaiser gesehen hatte. Als die Urgroßmutter 1902 geboren wurde, gehörte Sandras Heimatstadt zur Provinz Sachsen. Diese Provinz war ein Teil des Königreichs Preußen. Der König von Preußen war zugleich deutscher Kaiser. Deutschland bestand damals aus vielen kleineren und größeren Län-

dern. Mitten in der Provinz Sachsen lag das Herzogtum Anhalt. Es war nach einer Burg im Harz benannt.

Sandras Großmutter wurde 1929 geboren; es gab in Deutschland keinen Kaiser, keine Könige und keine Herzöge mehr. Das Herzogtum Anhalt war ein Freistaat geworden. Immer noch lag Anhalt in der Provinz Sachsen. Als die Großmutter 16 Jahre alt war, ging der 2. Weltkrieg zu Ende. Deutschland wurde in Besatzungszonen geteilt. Stendal gehörte zur Sowjetischen Zone. Die Militärregierung legte die Provinz Sachsen und das Land Anhalt zu einem Land zusammen: Sachsen-Anhalt.

1951 wurde Sandras Mutter geboren. Zwei Jahre vorher war auf dem

Zeitleiste

					Sachsen-Anhalt	Bezirke Magdeburg u. Halle				Land Sachsen-Anhalt
Provinz Sachsen u. Herzogtum Anhalt			Provinz Sachsen u. Land Anhalt							

1890	1900	1910	1920	1930	1940	1950	1960	1970	1980	1990	2000

1914–1918 1. Weltkrieg

1939–1945 2. Weltkrieg

1990 Wiedervereinigung

Deutsches Kaiserreich | Weimarer Republik | Drittes Reich | Bundesrepublik Deutschland und DDR | Bundesrepublik Deutschland

2

**Die Bezirke Magdeburg und Halle
in der DDR (1952–1990)**

0 25 50 km

4

**Das Bundesland Sachsen-Anhalt
in der Bundesrepublik Deutschland seit 1990**
-------- Regierungsbezirksgrenze seit 1991

0 25 50 km

6

Gebiet der Sowjetischen Zone die DDR gegründet worden. Es gab jetzt zwei deutsche Staaten. Als Sandras Mutter noch ein Baby war, löste die DDR-Regierung die Länder auf. Aus 5 Ländern wurden 14 Bezirke gebildet. Stendal gehörte jetzt zum Bezirk Magdeburg. Der südliche Teil von Sachsen-Anhalt kam größtenteils zum Bezirk Halle.

Sandra wurde 1980 geboren. Als sie zehn Jahre alt war, wurden die beiden deutschen Staaten vereinigt. Nach westdeutschem Vorbild entstanden nun Bundesländer. Insgesamt besteht Deutschland aus 16 Ländern. Sandras Bundesland heißt nun wieder Sachsen-Anhalt.

1 Zeichne die Zeitleiste (2) ab, und trage die Geburtsjahre von Sandra sowie von ihrer Mutter, Großmutter und Urgroßmutter ein.

2 So eine Zeitleiste kannst du auch für dich und deine Vorfahren zeichnen. Frage nach den Geburtsjahren von

5

Eltern, Großeltern und Urgroßeltern.

3 Gehörte dein Wohnort vor hundert Jahren zur Provinz Sachsen oder zum Herzogtum Anhalt?

Was ist eigentlich „Sachsen"?
„Niedersachsen" – „Sachsen-Anhalt" – „Freistaat Sachsen" – drei Bundesländer enthalten den Namen „Sachsen"! Eine lange, komplizierte Geschichte! Hier nur das Wichtigste:
Vor tausend Jahren gab es in Norddeutschland ein **Herzogtum Sachsen**. Es reichte von der Nordsee bis südlich des Harzes, von der Ems bis zur Elbe und Saale. Das Herzogtum zerfiel später in mehrere kleinere Länder. Eines davon bestand als **Kurfürstentum Sachsen** weiter. 1816 fiel ein Teil davon an das Königreich Preußen. Zusammen mit anderen preußischen Landesteilen wurde daraus die **Provinz Sachsen**. Der Rest des Kurfürstentums nannte sich jetzt **Königreich Sachsen** (heute: **Freistaat Sachsen**). Mitten in preußischem Gebiet lag das Herzogtum Anhalt.

7
Burgruine Anhalt

103

1

Otto von Guericke

2

**Kloster Unser
Lieben Frauen**

3

**Barockhäuser am
Breiten Weg**

4

Hasselbachplatz

5

Im Kulturpark

Unsere Landeshauptstadt Magdeburg

Seit 1990 ist Magdeburg die **Landeshauptstadt** von Sachsen-Anhalt. Der Landtag, die Landesregierung und die Ministerien haben hier ihren Sitz.

Aufgrund seiner günstigen Lage ist Magdeburg ein wichtiger Verkehrsknotenpunkt. Bereits im Mittelalter trafen hier an einem Übergang über die Elbe Handelsstraßen aufeinander. Heute kreuzen sich an diesem Ort Bundesautobahn mit Bundesstraßen, Bahnlinien und Wasserwege. Ein leistungsfähiger Binnenhafen hat über das „Wasserstraßenkreuz" Mittellandkanal, Elbe und Elbe-Havel-Kanal Verbindungen in alle Himmelsrichtungen.

Durch diese guten Voraussetzungen entwickelte sich die Stadt bereits im 19. Jahrhundert zu einem Standort des Maschinenbaus, der Chemischen Industrie und der Verarbeitung landwirtschaftlicher Erzeugnisse, z. B. Zucker aus der Magdeburger Börde.

In Magdeburg gibt es zahlreiche Ausbildungseinrichtungen: Technische Universität, Magdeburger Uniklinikum, Fachschulen sowie kulturelle Einrichtungen wie Museen, Theater und Bibliotheken.

Wenn du die Stadt besichtigst, wirst du viele Sehenswürdigkeiten kennenlernen. Dazu gehören der Magdeburger Dom, das Kloster Unser Lieben Frauen und das Kulturhistorische Museum. Du kannst aber auch den Zoo besuchen, im Barle-

6

ber See baden und in einem der Parks spazierengehen. Interessant ist eine Wanderung in einem der zahlreichen Naturschutzgebiete in der Umgebung von Magdeburg. Durch das Naturschutzgebiet Kreuzhorst führt ein Naturlehrpfad

Magdeburg in Stichworten

805	Erste urkundliche Erwähnung
937	Gründung des Mauritius-Klosters durch Otto I.
968	Erzbistum
1209–1520	Bau des Doms
Ende 13. Jahrhundert	Anschluß an den Hansebund
1631	Zerstörung und Plünderung der Stadt durch kaiserliche Truppen (Dreißigjähriger Krieg)
1646	Otto von Guericke/Bürgermeister
Ende 17./Anfang 18. Jahrhundert	Ausbau zur stärksten preußischen Festung
1816	Hauptstadt der preußischen Provinz Sachsen
1944/1945	Zahlreiche Bombenangriffe mit schwersten Zerstörungen
1951	Beginn des Wiederaufbaus
1952	Bezirkshauptstadt
1990	Landeshauptstadt des Bundeslandes Sachsen-Anhalt

7

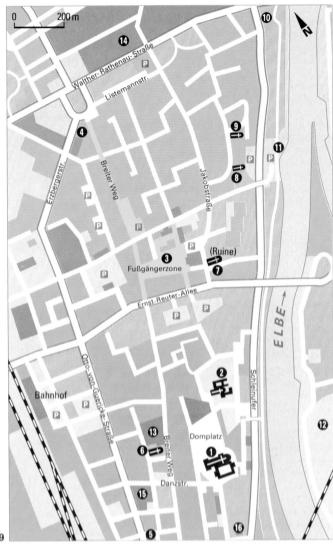

mit Tafeln, die dich mit selten ge-
wordenen Pflanzen und Tieren dieses Gebietes bekannt machen.

1 Beschreibe mit Hilfe einer Atlaskarte den Weg von deinem Heimatort
zur Landeshauptstadt Magdeburg.

2 a) Plane mit Hilfe der Karte (9) einen
Rundgang durch die Innenstadt.
b) An welchen Sehenswürdigkeiten
kommst du vorbei. Ordne sie den Bildern (1) bis (6) und (8) zu.

3 Wodurch wurde die Entwicklung
von Magdeburg begünstigt?

6
**Blick über die Elbe
auf Magdeburg**

Am Alten Markt

Innenstadt von Magdeburg

❶ Dom

❷ Kloster Unser
Lieben Frauen

❸ Rathaus und
Marktplatz

❹ Theater

❺ Kammerspiele

❻ St. Sebastian

❼ Johanniskirche

❽ Petrikirche

❾ Wallonerkirche

❿ Lukasklause

⓫ Petriförder

⓬ Kulturpark
Rotehorn

⓭ Hauptpost

⓮ Universität

⓯ Kulturhistorisches
Museum

⓰ Staatskanzlei

8

9

105

Von der Altmark bis zum Brocken

Kennt ihr die Geschichte von dem Mann, der immer geradeaus gehen wollte? Stellt euch vor, einfach mit dem Lineal einen geraden Strich auf der Karte gezogen und dann immer dieser Linie nach! Ihr könnt euch denken, daß der Mann einige Probleme bekam. In Gedanken können wir aber solch eine Reise machen und dabei verschiedene Landschaften und deren Entstehung kennenlernen. Der Strich ist auf der Karte schon eingezeichnet: die Profil-Linie vom Arendsee im Norden bis zum Kyffhäuser im Süden.

1 Schreibe den Lückentext ab, und ergänze die fehlenden Wörter:
Unsere Reise beginnt am Ufer des Arendsees, ungefähr …m über dem Meeresspiegel. Die Landschaft, die wir durchqueren, heißt die A… Meist führt unser Weg durch offene Felder, selten durch kleine Waldstücke. Der Boden besteht hauptsächlich aus lehmigem Sand oder Lehm. Er wurde unter dem Gletschereis als G… abgelagert. Ab und zu liegen Steinhaufen am Feldrand. Diese G… wurden vom Acker abgesucht.
Das Gelände wird nun hügeliger und dichter bewaldet. Wir steigen bis auf 160 m ü.d.M., das ist die höchste Erhebung der H… Die Grundmoräne haben wir jetzt verlassen. Diese Hügelkette ist eine E… Auf den Kies- und Sandböden der C…-L… H… reisen wir viele Kilometer durch Kiefernwälder.
Nun durchqueren wir das Flußtal der O… Einst war es ein U…, hier flossen die Schmelzwassermassen ab.
Die offene, sehr fruchtbare Ackerbaulandschaft, in die wir jetzt kommen, ist die M… B… Bei guter Sicht tauchen in der Ferne die ersten Gebirgszüge auf, z. B. der L… oder der H…
Von Halberstadt aus sehen wir schon das höchste Mittelgebirge unseres Landes, den H…, vor uns. Hoch über alle anderen Berge ragt der …m hohe B… auf. Wir verlassen jetzt die Börde und kommen wieder in dichte Wälder. Wir müssen tüchtig steigen, um bis auf den …m hohen Ramberg zu gelangen. Meist liegt die Harzhochfläche zwischen 400 und 500 m ü.d.M. Vom Südrand des Harzes ist es nicht mehr weit bis zum K… Hier ist unsere Reise zu Ende.

Wie Gletscher und Schmelzwasser unsere Landschaft formten

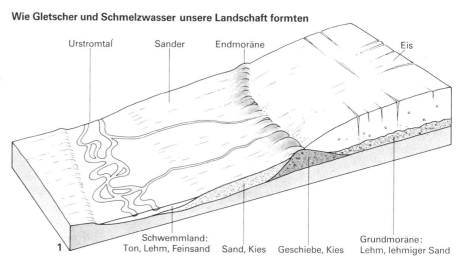

Urstromtal · Sander · Endmoräne · Eis

1 · Schwemmland: Ton, Lehm, Feinsand · Sand, Kies · Geschiebe, Kies · Grundmoräne: Lehm, lehmiger Sand

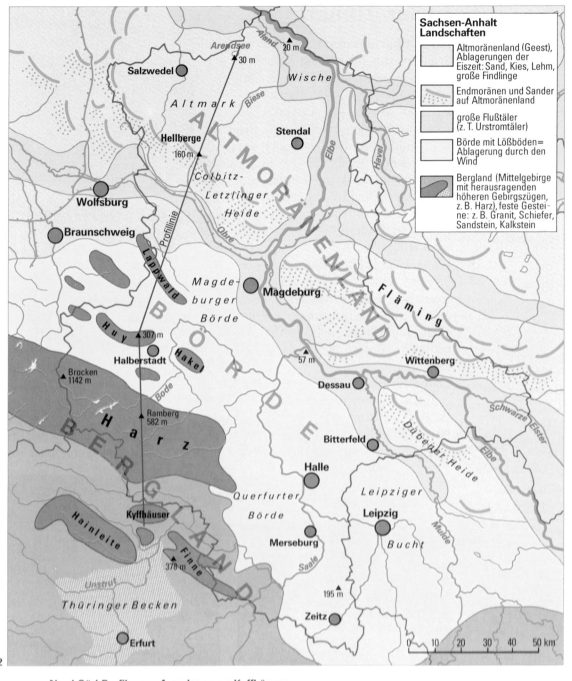

Sachsen-Anhalt Landschaften

Altmoränenland (Geest), Ablagerungen der Eiszeit: Sand, Kies, Lehm, große Findlinge

Endmoränen und Sander auf Altmoränenland

große Flußtäler (z. T. Urstromtäler)

Börde mit Lößböden= Ablagerung durch den Wind

Bergland (Mittelgebirge mit herausragenden höheren Gebirgszügen, z. B. Harz), feste Gesteine: z. B. Granit, Schiefer, Sandstein, Kalkstein

Arendsee · 30 m

▲ 20 m

Wische

Salzwedel ●

Altmark

Biese

Stendal ●

Hellberge

160 m

Elbe

Havel

Colbitz-

Letzlinger

Heide

Ohre

Wolfsburg ●

Profillinie

ALTMORÄNENLAND

Braunschweig ●

Lappwald

Magde-

burger

Börde

Magdeburg ●

Fläming

B · Ö · R · D · E

Huy ▲ 307 m

Hakel

Halberstadt

Brocken 1142 m

Bode

57 m

Wittenberg ●

Schwarze Elster

Dessau ●

H · a · r · z

Ramberg 582 m

Bitterfeld ●

Dübener Heide

Elbe

B · E · R · G · L · A · N · D

Kyffhäuser

Querfurter

Börde

Halle ●

Leipziger

Leipzig ●

Hainleite

Finne

Merseburg ●

B u c h t

Mulde

▲ 378 m

Saale

195 m

Unstrut

Thüringer Becken

Zeitz ●

Erfurt ●

0 10 20 30 40 50 km

Nord-Süd-Profil: vom Arendsee zum Kyffhäuser

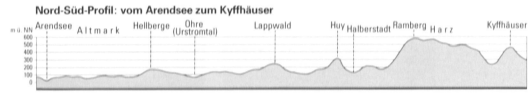

m ü. NN Arendsee Altmark Hellberge Ohre (Urstromtal) Lappwald Huy Halberstadt Ramberg H a r z Kyffhäuser
600
500
400
300
200
100
0

2
Stadtpanorama von
Tangermünde

In der Altmark

Im Norden unseres Bundeslandes Sachsen-Anhalt erstreckt sich eine reizvolle Landschaft, die schon in alten Karten als „olde marck" bezeichnet wurde: die Altmark. Die Elbe im Norden und Osten, die Ohre und der Mittellandkanal im Süden sowie Ausläufer der Lüneburger Heide im Westen begrenzen eine abwechslungsreiche Region mit Acker- und Weideflächen, Wäldern und alten Städten [siehe Karte (2) auf S. 107].

Ehrwürdige Fachwerkhäuser neben bewundernswerten Bauwerken aus rotem Ziegelstein (Backstein) haben z. B. in Stendal, Tangermünde, Gardelegen und Salzwedel, aber auch in manchen Dörfern die Jahrhunderte überdauert.

Leider hat man in den letzten Jahrzehnten fast nur eintönige Plattenbauten errichtet und dabei die Pflege historischer Bauwerke vernachlässigt. So verfielen die Zentren

2

alter Hansestädte. Doch zunehmend regt sich Leben in diesen Gemäuern: Nicht wenige Menschen sorgen sich um die Restaurierung fast unbewohnbar gewordener Häuser. Viel Geld und Mühe werden notwendig sein, um das Leben in diesen Denkmälern zu ermöglichen.

1
Marienkirche
in Stendal

3
Fachwerkhäuser
in Salzwedel

1

3

die Bohrleute neue Wohnungen errichtet.

Inzwischen gehen die altmärkischen Vorräte zur Neige; als Ersatz strömt Nordseegas durch die Leitungen.

Die überwiegend flache Altmark entwickelt sich mehr und mehr zu einer wichtigen „Verkehrsdrehscheibe".

Der Neubau der ICE-Strecke von Hannover über Stendal nach Berlin sowie der Ausbau der Bahnverbindung Stendal–Salzwedel–Nordseehäfen laufen gegenwärtig auf Hochtouren.

Große Hoffnungen verbinden sich mit diesen Verkehrsbauten.

Die Zeit drängt – der Verfall ist weit vorangeschritten. Schöne Beispiele liebevoll wiederhergestellter Wahrzeichen rufen die Bewunderung zahlreicher Besucherinnen und Besucher der Altmark hervor. Sie deuten an, wie reizvoll die winkligen Gassen und Straßen der alten Städte in absehbarer Zeit sein werden, zur Freude ihrer Bewohner und ihrer Gäste.

Lange Zeit verdiente die überwiegende Mehrheit der Altmärker ihren Lebensunterhalt in der Landwirtschaft. Die Viehzucht und die Erzeugnisse wie Getreide, Milch und Obst waren weit über die Grenzen bekannt.

Mitte der 60er Jahre dieses Jahrhunderts stießen Bohrtrupps im Nordwesten der Altmark in 3000 m Tiefe auf Erdgas. Dieser wertvolle Fund veränderte bald das Gesicht der Landschaft: Bohrtürme und Gassammler wurden montiert, Rohrleitungen im Erdboden verlegt und für

1 Zeichne eine Kartenskizze der Altmark, und beschrifte sie.

2 Erkläre, warum der Bau von neuen Bahnlinien für Sachsen-Anhalt und die Altmark wichtig ist.

Brückenbau für die ICE-Strecke Hannover–Stendal–Berlin

4

1
Ackerbau bei Magdeburg

in Sachsen-Anhalt sind

942 000 ha Ackerland

162 000 ha Wiesen und Weiden

381 000 ha Wald

2

2
Landnutzung in Sachsen-Anhalt

Landwirtschaft in Sachsen-Anhalt

Über Ackerbau in der Börde hast du bereits einiges auf den Seiten 80 und 81 erfahren.

„Ihr findet in Sachsen-Anhalt alles!" So begrüßt uns Dr. Krüger von der Martin-Luther-Universität in Halle. Er ist Agrarwissenschaftler und beschäftigt sich mit der Landwirtschaft: „Die natürlichen Bedingungen wie Böden, Klima und Oberfläche sind in den einzelnen Landschaften unseres Bundeslandes unterschiedlich ausgeprägt. Die Bauern in der Altmark bauen auf ihren sandigen und leichten Böden vor allem Roggen, Kartoffeln und Grünfutter an. Aber auch Spargel und andere Gemüsearten gedeihen hier gut. Der sandige Boden muß ausreichend gedüngt werden, damit er ertragreich bleibt. Anders bei den Bördebauern. Die wertvolle **Schwarzerde** der Magdeburger und der Querfurter Börde sowie der Leipziger Tieflandsbucht ermöglichen den Anbau von Zuckerrüben und Weizen. In den Zuckerfabriken und Getreidemühlen erfolgt die Weiterverarbeitung.

An den Talhängen von Saale und Unstrut befinden sich die nördlichsten **Weinbaugebiete** Deutschlands. In den Weinkellern Freyburgs keltern Winzer die bekannten Saale- und Unstrutweine. Auch Sekt wird hier hergestellt. Die meisten Weinbauern haben sich zu Winzergenossenschaften zusammengeschlossen. Gerodete Hochflächen des Harzes und Niederungen der Wische dienen überwiegend als Weiden."

3
Weinbau an der Unstrut
4
Zuckerfabrik bei Könnern

3

110

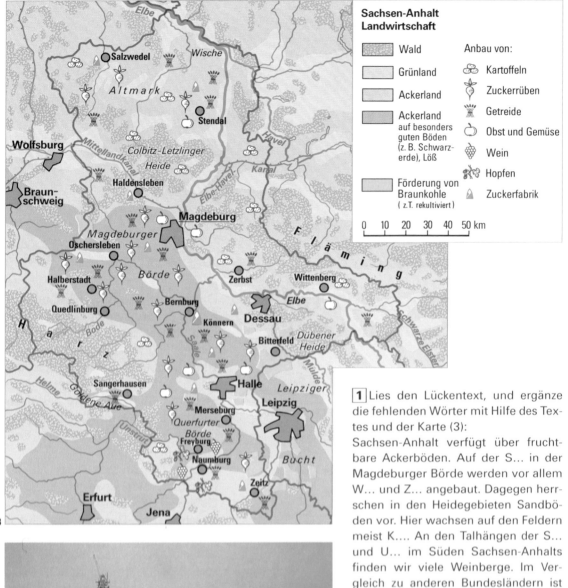

**Sachsen-Anhalt
Landwirtschaft**

Wald	
Grünland	
Ackerland	
Ackerland auf besonders guten Böden (z. B. Schwarzerde), Löß	
Förderung von Braunkohle (z.T. rekultiviert)	

Anbau von:

- Kartoffeln
- Zuckerrüben
- Getreide
- Obst und Gemüse
- Wein
- Hopfen
- Zuckerfabrik

0 10 20 30 40 50 km

1 Lies den Lückentext, und ergänze die fehlenden Wörter mit Hilfe des Textes und der Karte (3):

Sachsen-Anhalt verfügt über fruchtbare Ackerböden. Auf der S... in der Magdeburger Börde werden vor allem W... und Z... angebaut. Dagegen herrschen in den Heidegebieten Sandböden vor. Hier wachsen auf den Feldern meist K.... An den Talhängen der S... und U... im Süden Sachsen-Anhalts finden wir viele Weinberge. Im Vergleich zu anderen Bundesländern ist Sachsen-Anhalt waldarm. Größere Waldflächen treffen wir nur im H..., in der C...-L... und D... Heide und im F... an. Die Wälder werden forstwirtschaftlich genutzt und dienen der Erholung.

2 Bei Könnern (ca. 25 km nördlich von Halle) entstand die modernste Zuckerfabrik Europas. Warum wurde die Fabrik gerade hier errichtet?

3
Im Salzbergwerk

Das „weiße Gold"
Sachsen-Anhalts

**Salzlagerstätten in
Sachsen-Anhalt**

Salz-
lagerstätten

◇ Salzabbau
(in Sachsen-
Anhalt)

Salzwedel

Stendal

Zielitz

Magdeburg

Straußfurt

Bernburg

Wittenberg

Dessau

Bitterfeld

Halle

Leipzig

Erfurt

Elbe · Havel · Mittelland-Kanal · Bode · Saale · Unstrut · Mulde

0   20   40 km

Glück auf! Salz, das ist nicht nur das Salz in der Suppe. Wir wollen mit einem Steiger in das **Salzbergwerk** „Saale" bei Bernburg einfahren. Überall „über Tage" im Betrieb eine weiße Schicht – das gemahlene Steinsalz. Im Förderturm besteigen wir den Förderkorb. Mit sausender Geschwindigkeit erfolgt die Einfahrt in den Schacht.

In etwa 500 Metern Tiefe hält der Fahrstuhl. Wir erwarten niedrige Gänge – die Stollen. Doch es kommt anders. Hohe Gänge – manchmal über 10 Meter hoch – alles in weißem Licht. Das Steinsalz glitzert. Leitungen und Kabel, sogar eine breite Straße befinden sich hier „unter Tage". Die Gänge müssen nicht abgestützt werden, denn das feste Gestein hält. Mit einem Auto fahren wir mehrere Kilometer bis zum Abbauort. Das Salzgestein wird hier mit großen Bohrgeräten angebohrt und abgesprengt. Die gewaltigen Salzbrocken werden noch „vor Ort" etwas zerkleinert und mit tonnenschweren Großfahrzeugen zum

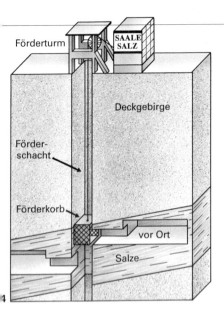

Förderturm

SAALE SALZ

Deckgebirge

Förder-schacht

Förderkorb

vor Ort

Salze

4

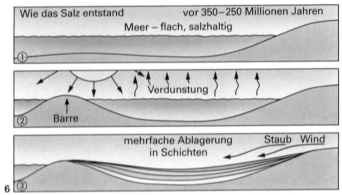

5

Förderkorb gefahren. Die vielen Abgase im Schacht werden über einen Be- und Entlüftungsschacht abgesaugt, Frischluft wird eingeblasen.

Wir verfolgen den Weg des Salzes über Tage weiter. Nach Reinigung kommen die Salzbrocken über große Förderbänder zur Mahlanlage. Das Salz wird hier in verschiedene Korngrößen zerkleinert. Durch das Mahlen wird das Salz weiß. Von hier aus geht es weiter zur Paketierung. In Pakete, Säcke und Tüten wird nun das Salz verpackt und verladen. Richtig – das Salz ist nicht nur das Salz in der Suppe! Ein Teil des Salzes kommt als Speisesalz in die Geschäfte. Ein großer Teil wird als Industrierohstoff in den Betrieben der Chemischen Industrie gebraucht. In der Landwirtschaft setzt man Salze als Dünger ein – die Kalisalze. Sie werden in Sachsen-Anhalt im Kaliwerk Zielitz bei Magdeburg gefördert.

Wie das Salz entstand   vor 350–250 Millionen Jahren
Meer – flach, salzhaltig
①

Verdunstung
② Barre

mehrfache Ablagerung   Staub   Wind
in Schichten
6 ③

So entstanden unsere Salzlagerstätten

1 Betrachte die Abbildung (6). Beschreibe die Entstehung der Salze.

2 „Salz, das ist nicht nur das Salz in der Suppe." Lies den Text, und erkläre den Ausspruch.

3 Zeige an der Karte (2) die Verbreitung der Salzlagerstätten in Sachsen-Anhalt. In welchen anderen Bundesländern werden auch Salze gefördert (Atlas)?

4 Beschreibe die Gewinnung von Salzen. Wende dabei die bergmännischen Begriffe an.

Auf den Seiten 84 bis 87 hast du bereits etwas über den Bergbau erfahren.

4
Schnitt durch ein Salzbergwerk
5
Salzwerke Bernburg: Das Speisesalz wird verpackt

**Mit der Eisenbahn
von Halle nach
Weißenfels**

Halle

Halle-
Ammen-
dorf

Weiße
Elster

Schkopau
BUNA

Saale

Merse-
burg

LEUNA

Weißen-
fels

N

Eine Fahrt durch das Industriezentrum im Süden

2

3

4

5

Halle/Hauptbahnhof, Bahnsteig 7: Unser Ziel ist Weißenfels. Pünktlich fährt der Zug in Richtung Süden ab. Wir sehen Fabriken und Kraftwerke an der Eisenbahnstrecke. Aus den Schornsteinen kommt dunkler Rauch. Braunkohle wird hier verstromt. Nach wenigen Minuten erkennen wir auf der rechten Seite große Fabrikhallen. Im Waggonbau Halle-Ammendorf baut man Reisezugwagen. Halle liegt hinter uns. In Richtung Merseburg tauchen rechts die Chemieanlagen der BUNA-Werke in Schkopau auf. Diese alte Chemiefabrik zählte zu den größten Luft- und Wasserverschmutzern. Unwirtschaftliche Anlagen werden stillgelegt.

Wir erreichen Merseburg, eine über 1000jährige Stadt, die heute inmitten großer Chemiebetriebe liegt. Nun nähern wir uns dem größten Chemiewerk Sachsen-Anhalts, den LEUNA-Werken. Mehrere Kilometer fahren wir durch das Werk. So viele komplizierte Anlagen! Die Luft riecht nach Chemie. Aus Erdöl und anderen Rohstoffen erzeugt man hier Kunststoffe, Reinigungsmittel, Kraftstoffe, Öle und Gase. Vor uns liegt das Ziel der Reise, die Kreisstadt Weißenfels. Die Bahnstrecke verläuft dicht an der Saale. Wir erreichen den Bahnhof. Früher prägten Schuh- und Lederfabriken das Bild der Stadt. Neue Gewerbegebiete sollen hier entstehen.

Im Süden Sachsen-Anhalts liegen die meisten Fabriken. Hier entwickelte sich seit dem vorigen Jahrhundert der industrielle **Verdichtungsraum** Halle – Leipzig – Dessau. Fast zwei Millionen Menschen leben hier. Halle als größte Stadt in

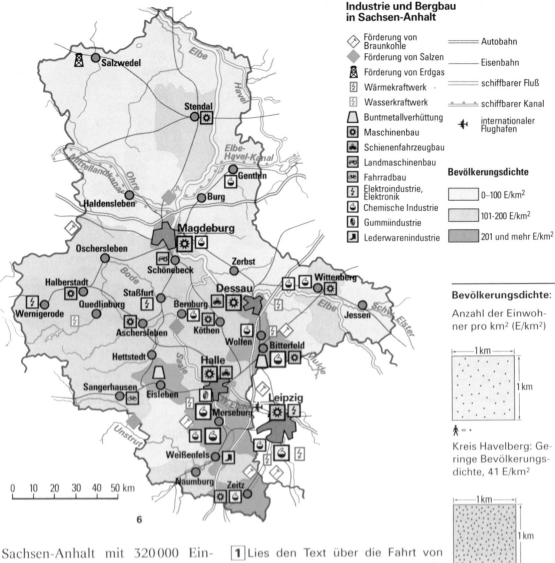

Industrie und Bergbau in Sachsen-Anhalt

◇ Förderung von Braunkohle
◆ Förderung von Salzen
⛏ Förderung von Erdgas
⚡ Wärmekraftwerk
⚡ Wasserkraftwerk
⏏ Buntmetallverhüttung
⚙ Maschinenbau
🚂 Schienenfahrzeugbau
🚜 Landmaschinenbau
🚲 Fahrradbau
⚡ Elektroindustrie, Elektronik
⚗ Chemische Industrie
◗ Gummiindustrie
✦ Lederwarenindustrie

═══ Autobahn
──── Eisenbahn
═══ schiffbarer Fluß
⋯⋯ schiffbarer Kanal
✈ internationaler Flughafen

Bevölkerungsdichte

☐ 0–100 E/km²
☐ 101-200 E/km²
☐ 201 und mehr E/km²

6

Bevölkerungsdichte:

Anzahl der Einwohner pro km² (E/km²)

|←1km→|
1km

☖ = ·

Kreis Havelberg: Geringe Bevölkerungsdichte, 41 E/km²

|←1km→|
1km

Kreis Köthen: Mittlere Bevölkerungsdichte, 162 E/km²

|←1km→|
1km

Kreis Bitterfeld: Hohe Bevölkerungsdichte, 259 E/km²

7

Sachsen-Anhalt mit 320 000 Einwohnern (1992) ist ein Mittelpunkt der Wirtschaft, des Verkehrs, der Wissenschaft und Kultur. Die großen **Braunkohlelagerstätten** bei Merseburg und Bitterfeld, die im Harzvorland geförderten Salze sowie die günstige Verkehrslage waren wichtige Gründe für die Entstehung des Verdichtungsraumes um Halle mit seinen Maschinenbau- und Chemiebetrieben.

1 Lies den Text über die Fahrt von Halle nach Weißenfels. Beschreibe die Bilder (2) bis (5). Ermittle mit Hilfe der Zeichnung (1), welche Stationen der Reise abgebildet sind.

2 Untersucht anhand der Karte (6) die Verteilung der Industrie in Sachsen-Anhalt. Stellt dabei einen Zusammenhang zwischen Bevölkerungsdichte (7) und Industriestandorten her.

1

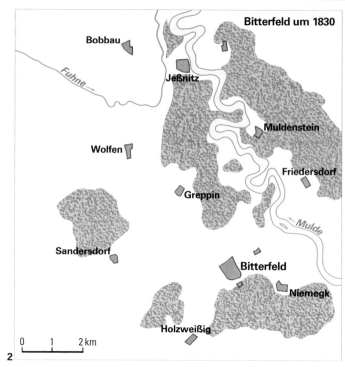

2

Bitterfeld – eine Landschaft wird verändert

Auf geht's nach Bitterfeld. Wir lernen einen Raum kennen, den die Menschen stark umgestaltet haben. Auf dem Programm steht ein Museumsbesuch. An verschiedenen Karten erläutert uns der Museumsdirektor, Herr Holz, welche Veränderungen sich im Bitterfelder Gebiet in den letzten 150 Jahren vollzogen haben:

„Bitterfeld war früher ein kleines Ackerbürgerstädtchen. Hier lebten auch Handwerker. Heute ist der Landkreis Bitterfeld ein Industriegebiet mit großen Umweltproblemen. Viele Fabriken verschmutzten Luft und Wasser. Die Landschaft hat ihr Gesicht verändert." „Warum wurden gerade hier solche großen Fabriken aufgebaut?" Herr Holz nennt uns die Gründe:

„Erstens: Die Fabriken brauchten viel Platz. Um Bitterfeld war genügend billiges Bauland zu haben. Zweitens: Die Chemiebetriebe benötigen Strom, Wasser und Rohstoffe, besonders Salze. Der Strom

1
Bitterfeld 1830

3

„Umwelt-Notstandsgebiet". Umweltschützer haben die Tafel im Frühjahr 1990 unter dem Ortseingangsschild angebracht.

wurde in Braunkohlekraftwerken gewonnen. Die Kohle förderte man in den vielen Gruben der Gegend im **Tagebau.** Die Mulde lieferte genügend Wasser. Aus den Bergwerken um Bernburg und Staßfurt kamen die Salze.

Drittens: Zum Aufbau der Fabrikgebäude braucht man Baustoffe. Ton für Ziegelsteine, Sand und Kies befanden sich in großer Menge über der Braunkohle.

Viertens: Im Industriegebiet mußte ein gut ausgebautes Verkehrsnetz vorhanden sein. Mit dem Bau wichtiger Eisenbahnstrecken nach Berlin, Halle, Leipzig, Dessau und Magdeburg wurde Bitterfeld zum Verkehrsknoten.

Fünftens: Fabriken, Kraftwerke und Braunkohletagebau benötigen viele Arbeiter. Aus allen Teilen Deutschlands zogen Menschen hierher."

116

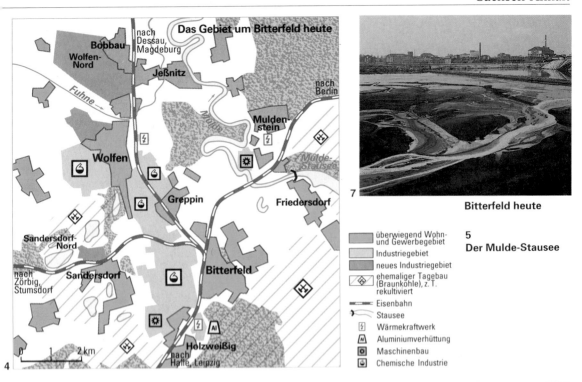

Das Gebiet um Bitterfeld heute

4

	überwiegend Wohn- und Gewerbegiet
	Industriegebiet
	neues Industriegebiet
⬨	ehemaliger Tagebau (Braunkohle), z. T. rekultiviert
▬▬	Eisenbahn
⤵	Stausee
⚡	Wärmekraftwerk
Al	Aluminiumverhüttung
✽	Maschinenbau
◉	Chemische Industrie

Bitterfeld heute

7

Der Mulde-Stausee

5

Seit 1990 legte man viele alte Fabrikanlagen still. Die Luft und das Wasser wurden sauberer. Die Städte und Gemeinden bauen Kläranlagen. Neue und saubere Betriebe entstehen. Aus einer alten Kohlegrube entstand ein Stausee. Viele Vögel brüten jetzt hier. Neuer Wald entsteht. Der ausgekohlte Tagebau Goitsche verwandelt sich in eine Seenlandschaft. Man bezeichnet das als **Rekultivierung.**

Tagebau Goitsche

Vom Tagebau zum Erholungsgebiet

6

5

1 Vergleiche die Karten (2/4) und die Bilder (1/7). Welche Veränderungen in der Landschaft erkennst du?

2 Industriebetriebe entstehen nicht an jedem Standort. Bestimmte Bedingungen müssen erfüllt sein. Deshalb spricht man von **Standortbedingungen.** Suche Beispiele im Text.

3 Durch Rekultivierung verändert sich die Landschaft. Erkläre das am Beispiel des Bitterfelder Raumes.

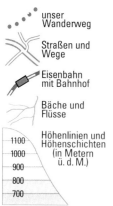

Ein kahler „Brocken" aus Granit

unser Wanderweg	
Straßen und Wege	
Eisenbahn mit Bahnhof	
Bäche und Flüsse	

1100
1000
900
800
700

Höhenlinien und Höhenschichten (in Metern ü. d. M.)

Eine Wanderung auf den Brocken: Treffpunkt Bahnhof Schierke ①. Wir wollen auf den Brocken. Mit 1142 m Höhe überragt er alle Berge Norddeutschlands. Wir wandern zunächst durch dichte Mischwälder. Der Weg entlang der Brockenbahn steigt nur langsam an. Je höher wir kommen, desto mehr Nadelbäume sehen wir. An einer kleinen Hütte machen wir Rast ②. Nach einer Weile erreichen wir nun das Eckerloch ③ – ein tiefes Tal. Am Wegrand fallen uns viele Quellen auf, aus denen kleine Bäche entspringen. Der Weg wird steiler. Wir müssen über große Granitblöcke steigen und kommen schließlich auf die Brockenstraße ④. Die Nadelbäume werden hier nicht mehr so groß. Das rauhe Klima, die Stürme, Kälte und der Schnee im Winter verhindert den Baumwuchs auf dem Gipfel. Tausende Touristen besuchen täglich das Gebiet, es gehört zum **Nationalpark Hochharz**. Pflanzen und Tiere werden besonders geschützt – wir Wanderer dürfen deshalb die markierten Wege zum Gipfel nicht verlassen!

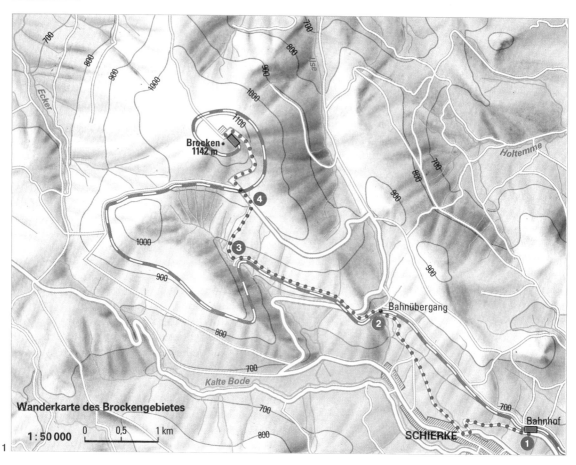

Wanderkarte des Brockengebietes

1 : 50 000

0   0,5   1 km

Granitfelsen

2
Am Brockengipfel

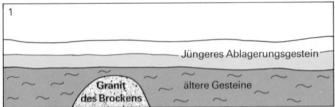

Jüngeres Ablagerungsgestein

Granit des Brockens

ältere Gesteine

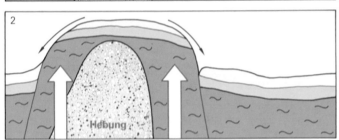

Hebung

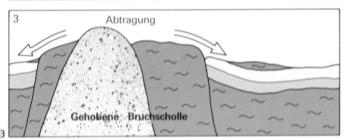

Abtragung

Gehobene Bruchscholle

Wie Harz und Brocken entstanden

Der Harz – ein Mittelgebirge
Mittelgebirge reichen bis in eine Höhe von etwa 2000 m. Sie sind meist mit Wäldern bedeckt. Nur an wenigen Stellen wird die natürliche Baumgrenze erreicht, im Harz nur auf dem Brockengipfel. Die Oberfläche im Harz ist durch abgerundete Berge, weite Hochflächen und eingeschnittene Täler geprägt. An den Gebirgsrändern schufen die Flüsse tiefe und steilwandige Täler (Bode- und Ilsetal). Nach seiner unterschiedlichen Höhe unterscheidet man den Oberharz im Westen, den Unterharz und das Mansfelder Bergland im Osten.

Der Harz – ein Bruchschollengebirge
Bruchschollengebirge entstanden durch das Zerbrechen der Erdkruste und das Herausheben einzelner Gesteinsschollen durch erdinnere Kräfte. Der Harz wurde besonders am Nordrand weit herausgehoben. Der größte Teil des Harzes besteht aus sehr alten und harten Gesteinen. Regen, Wind, Frost und Flüsse verwitterten die jüngeren Gesteinsschichten und trugen sie ab. Die höchsten Berge wie Brocken und Ramberg bestehen aus Granit.

1 Auf unserer Wanderkarte (1) sind vier Punkte markiert. Finde die Höhenlage dieser Punkte heraus.

2 Ermittle mit Hilfe der Maßstabsleiste die Länge unseres Wanderweges.

3 Granit ist ein altes Gestein, das tief im Erdinnern aus glutflüssiger Gesteinsschmelze entstand. Erkläre mit Hilfe der Abb. (3), warum es auf dem Brocken Granit an der Oberfläche gibt!

Ein weiteres Mittelgebirge kannst du auf den Seiten 126 und 127 kennenlernen.

Harz – Wasser im „Überfluß"

3 Bodehochwasser 1925/26 bei Rübeland

Thale unter Wasser

Das rasch einsetzende Weihnachtstauwetter 1925 führte in den Harztälern zu einer Hochwasserkatastrophe. Besonders schlimm betroffen waren die Ortschaften im Bodetal. Das Wasser zerstörte Gebäude, überspülte Straßen und riß bei Rübeland eine Eisenbahnbrücke mit sich talwärts. Besonders verheerend waren die Zerstörungen in Thale. Hier standen viele Straßen unter Wasser …

1

Warum kommt es gerade im Harz zu Regen und Schnee im Überfluß? Der Wind weht meist aus westlicher Richtung. Er bringt vom Atlantischen Ozean feuchte Luft. Im Oberharz wird diese Luft zum Aufsteigen gezwungen. Sie kühlt sich dabei ab, und es bilden sich Wolken, aus denen es häufig regnet oder schneit. Bei rascher Schneeschmelze oder nach schweren Gewittern treten die Harzflüsse über die Ufer. Überschwemmungen bedrohen dann die

Der Harz als „Regenfänger"

Menschen im Harz und Harzvorland.

Seit Jahrhunderten versuchen sich die Menschen im Harz durch den Bau von Dämmen vor Überschwemmungen zu schützen. Meist scheitern die Baupläne am Geldmangel. Erst in den 50er und 60er Jahren konnte im Ostharz das Bode-Stauwerk errichtet werden. Die großen **Talsperren** bieten heute ausreichend Schutz vor dem Hochwasser der Bode und ihrer Nebenflüsse. Die

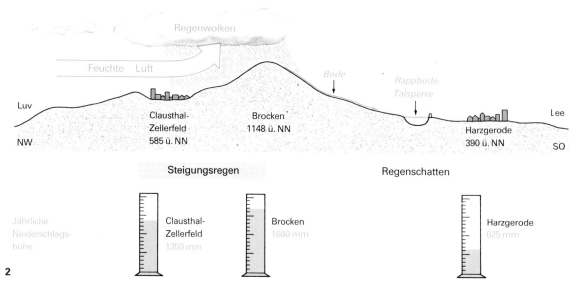

2

Die Rappbode-Tal-sperre:
1952–1959 erbaut, Staumauer 106 m hoch und 415 m lang, Stausee 390 ha groß und 8 km lang, bei Vollstau Speicherung von 110 Mill. m³ Trinkwasser

4

Rappbode-Talsperre gehört zu den größten Talsperren Deutschlands. Hauptaufgabe dieser Talsperre ist neben dem Hochwasserschutz die Speicherung von Trinkwasser. Täglich werden bis zu 20 000 m³ Wasser aus dem Stausee in die Trinkwasser-Aufbereitungsanlage Wienrode geleitet. Diese Menge würde ausreichen, um 130 000 Menschen mit Wasser zu versorgen. Über Fernleitungen gelangt das gereinigte Trinkwasser nach Magdeburg, Halle und Bitterfeld.

1 „Wasser im Überfluß" kann nutzen und schaden. Stelle Vor- und Nachteile des Wasserreichtums in einer Tabelle zusammen. Benutze dazu auch Foto (2) und Zeitungsmeldung (1).

2 Erkläre, warum der Harz ein wasserreiches Gebirge ist. Benutze dazu die Zeichnung (2).

3 Beschreibe die Aufgaben des Bode-Stauwerks im Ostharz (Text 5).

4 Suche mit Hilfe des Atlasses weitere Talsperren im Harz und in deiner Umgebung.

6

Das Bode-Stauwerk im Ostharz

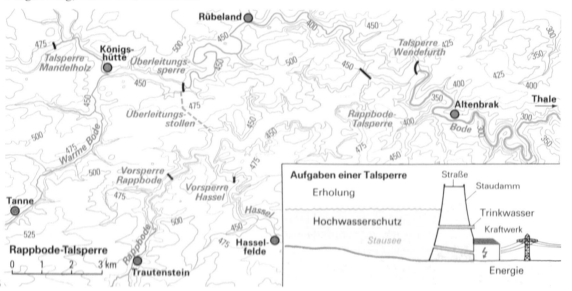

5

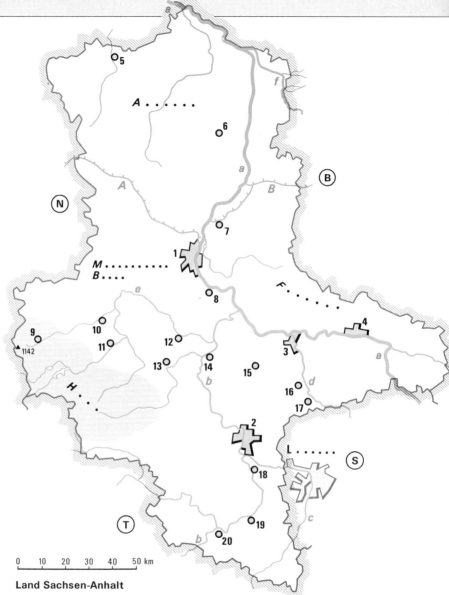

Grundbegriffe

Braunkohle-
 lagerstätte
Bruchschollen-
 gebirge
Landeshauptstadt
Löß
Mittelgebirge
Nationalpark
 Hochharz
Profil
Rekultivierung
Salzbergwerk
Schwarzerde
Standort-
 bedingung
Tagebau
Talsperre
Verdichtungsraum
Weinbaugebiet

1   Land Sachsen-Anhalt

1 Benenne die in der Karte eingetragenen Flüsse (a–e), Städte (1–20), Kanäle (A, B), die benachbarten Bundesländer und Großlandschaften.

2 a) Lege ein Transparent auf die Karte, und zeichne die Grenzen, die Flüsse und wichtigsten Städte nach.
b) Trage die Verdichtungsräume, wichtige Industriestandorte und landwirtschaftlichen Gebiete ein.

c) Was müßtest du noch eintragen, damit eine Wirtschaftskarte entsteht?
3 Das Verkehrsnetz Sachsen-Anhalts (Karte 2): Zeichne die Skizze in dein Heft, und benenne die großen Städte. Erforsche den Verlauf der geplanten Autobahn Magdeburg – Halle, und ergänze die fehlenden Streckenabschnitte. Was für ein Verkehrsweg ist bei Stendal geplant?

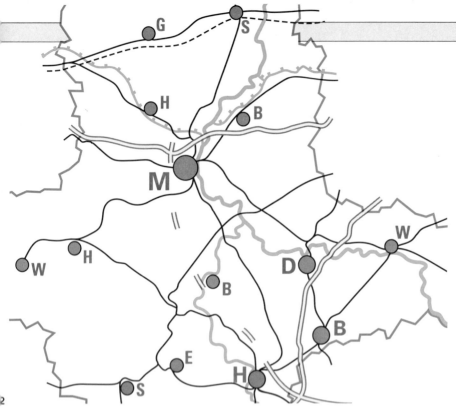

Zeichne mit Hilfe der Höhenschichtenkarte (Einbandseite) ein Profil durch Sachsen-Anhalt:

① Lege eine Profillinie A – B durch Sachsen-Anhalt fest. Du kannst dazu ein Lineal auf die Karte legen.

② Bestimme mit dem Maßstab die Länge des Profils. Trage diese Strecke als waagerechte Maßstabsleiste möglichst auf Millimeterpapier auf.

③ Um die Höhen einzutragen, benötigst du eine senkrechte Maßstabsleiste. Damit die Höhenunterschiede auch sichtbar werden, muß ein größerer Maßstab gewählt werden, z. B. 1 : 20 000, dann entspricht 1 cm einer Höhe von 200 m.

④ Suche vom Profilpunkt A den nächsten Schnittpunkt mit einer Höhenlinie. Trage diese Entfernung in die waagerechte Maßstabsleiste ein. Ziehe von diesem Punkt eine Hilfslinie, wie die senkrechte Maßstabsleiste. Zeichne die Höhe auf diese Hilfslinie ein.

⑤ Verfahre mit allen weiteren Schnittpunkten der Profilinie mit einer Höhenlinie in gleicher Weise. Verbinde alle Punkte zu einem Profil, und trage die Himmelsrichtungen für den Profilverlauf ein.

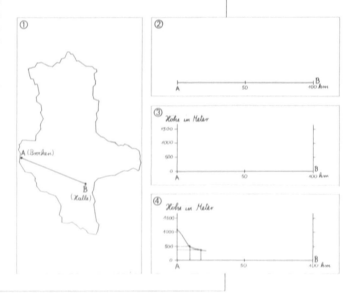

1 Auf der Schwäbischen Alb

Im Mittelgebirgsland

Schwarzwald, Erzgebirge, Harz ... Wer kennt sie nicht, die deutschen Mittelgebirge, von Wanderungen in einsamen Waldgebieten, vom Urlaub auf dem Bauernhof, vom Skilanglauf oder aus Meldungen über das Waldsterben?

Der Mittelgebirgsraum ist ein Mosaik verschiedenster Landschaften. Es gibt hier waldbedeckte Höhenzüge und karge Hochflächen, aber auch fruchtbare Becken und frühindustrialisierte, dicht besiedelte Täler.

Schaut euch doch einmal die beiden Fotos näher an. Darauf lassen sich wesentliche Merkmale zweier Landschaften des Mittelgebirgsraumes erkennen.

Im Nordschwarzwald

2

1 Das Erzgebirge

Das Erzgebirge – ein Mittelgebirge

Legt man eine Profillinie durch die Mittelgebirgslandschaft, kann man unterschiedliche Oberflächenfomen erkennen. Die **Mittelgebirge** mit ihren verschiedenen Höhen werden durch ihre **Vorländer** angekündigt. Eingeschlossen von Gebirgen fin-

den wir flachwellige **Becken** oder ebene Grabenlandschaften. Verantwortlich für diese Formenvielfalt sind die erdinneren und erdäußeren Kräfte.

Letztere haben das Relief über einen langen Zeitraum ständig verändert. Flüsse graben sich Täler, Regen spült den Boden von den Hängen, oder Frost und Eis sprengen Felsen. Feste Gesteine lassen nur sehr langsam Veränderungen zu. Es entstehen abgerundete Formen, wie sie im Erzgebirge oder im Schwarzwald zu finden sind. Kalkhaltige Gesteine sind dagegen nicht sehr widerstandsfähig gegenüber Wasser. Es bilden sich Schichtstufen oder Höhlen, wie in der Schwäbischen Alb. Auch der Sandstein mit seinen unterschiedlich festen Schichten hält der Abtragung nicht lange stand. So sind zum Beispiel die Felsreviere des Elbsandsteingebirges zu erklären.

Der ostdeutsche Mittelgebirgsraum

2

126

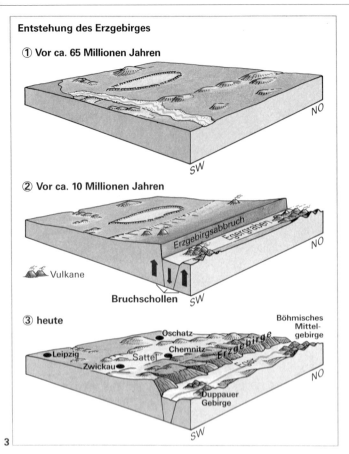

Entstehung des Erzgebirges

① **Vor ca. 65 Millionen Jahren**

② **Vor ca. 10 Millionen Jahren**

Erzgebirgsabbruch

Egergraben

Vulkane

Bruchschollen

③ **heute**

Böhmisches Mittelgebirge

Oschatz

Chemnitz

Leipzig

Sattel

Zwickau

Erzgebirge

Eger

Duppauer Gebirge

3

Am Beispiel der Entstehung des Erzgebirges (3) kannst du erkennen, wie die erdinneren Kräfte im Zusammenhang mit den erdäußeren Kräften die Mittelgebirgslandschaft geformt haben.

① Vor rund 65 Millionen Jahren befand sich im Gebiet des heutigen Erzgebirges eine fast völlig eingeebnete Landschaft.

② Durch die erdinneren Kräfte kam es zu Spannungen in der Erdkruste. Schießlich zerbrach diese in viele große und kleine Schollen. An den Bruchzonen bildeten sich Vulkane. Einzelne dieser **Bruchschollen** wurden unterschiedlich stark herausgehoben oder angekippt. Andere sanken ab. Sie bilden heute Becken oder Gräben.

③ Schon während der Entstehung des Erzgebirges begannen die erdäußeren Kräfte mit ihrer Abtragungstätigkeit und formten die Landschaft im Laufe der Zeit so, wie du sie heute sehen kannst.

Phasen der Entstehung des Erzgebirges

1 Beschreibe anhand Foto (1) die Oberflächenformen im Erzgebirge.
2 a) Ordne das Profil (4) in die Karte (2) ein.
b) Welche Teile (①–③) der Mittelgebirgslandschaft sind zu erkennen?
3 a) Suche mit Hilfe des Atlasses zu jedem im Text benannten Gebirge den höchsten Berg heraus.

b) Begründe, warum große Unterschiede in der Höhe auftreten können.
4 a) Beschreibe die Entstehung des Erzgebirges mit Hilfe der Blockbilder (3) und des Textes.
b) Wie könnte das Erzgebirge in zehn Millionen Jahren aussehen?

Profil vom Harzvorland zum Thüringer Wald

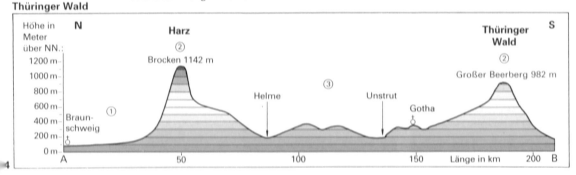

4

Wie krank ist der Wald?

Die Schüler der Klasse 5 a aus Freiberg wollen den Zustand des Waldes im Erzgebirge erkunden. An einem sonnigen Herbsttag fahren sie in das Osterzgebirge.

Die Wanderung geht vom Kurort Kipsdorf zum Kahleberg. Zu Beginn säumen schöne Fichten den Wanderweg. Dieser Wald soll krank sein? Herr Maier, der Klassenlehrer, macht auf einzelne Bäume aufmerksam, deren Kronen licht sind, als ob sie Fenster hätten. Wenn ein Baum kränkelt, fallen zuerst die ältesten Nadeln ab, sagt er. Andere Bäume haben Schädigungen durch Wind und Frost. An manchen hängen die Nadeln wie Lametta an einem Weihnachtsbaum.

Bald erkennen auch die Schüler immer häufiger kranke Bäume. Am Waldrand sind einige rot, als ob man sie mit Farbe übergossen hätte. Sehen wir genauer hin, entdecken wir viele Käfer unter der Rinde. Vor allem der Buchdrucker, eine

3 Am Kahleberg

W	ir
A	lle
L	eben
D	avon

Borkenkäferart, befällt die kranken Bäume.

Im Kammgebiet des Erzgebirges, am Kahleberg, stehen nur noch kranke Fichten. Abgestorbene Bäume, die wie Skelette aussehen, geben ein trauriges Bild ab. Das soll noch vor wenigen Jahen ein gesunder Wald gewesen sein?

Zu den Ursachen des **Waldsterbens** erklärt Dr. Lux von der Technischen Universität Dresden:

„Die wesentlichsten Ursachen habe ich in einer Zeichnung (5) für euch

Waldschäden – Gefährdung unseres Lebensraumes

ohne Wald – Aussterben vieler Tier- und Pflanzenarten
ohne Wald – keine gereinigte Luft
ohne Wald – Abtragung des Bodens und Hochwässer
ohne Wald – kein sauberes Trinkwasser
ohne Wald – kein Rohstoff Holz
ohne Wald – Verlust von Arbeitsplätzen
ohne Wald – zerstörte Erholungsräume

1

2

4

zusammengestellt. Zu beachten ist auch die frühere Waldpflege. Im Mittelalter wuchs im Erzgebirge ein Mischwald aus Fichten, Buchen und Tannen. Deren Holz fand Verwendung im Bergbau und als Baumaterial. Mit der Entwicklung der Papierindustrie um 1350 begann man, die schnell wachsenden Fichten nachzupflanzen. Es entstand ein sehr artenarmer Wald, der gegenüber Schädlingen und Wind besonders anfällig ist. Seit der Industrialisierung, der Nutzung der Braunkohle als Brennstoff und dem zunehmenden Autoverkehr werden große Mengen von Schadstoffen ungefiltert an die Luft abgegeben. Die giftigen Abgase tragen heute entscheidend zum Waldsterben bei."

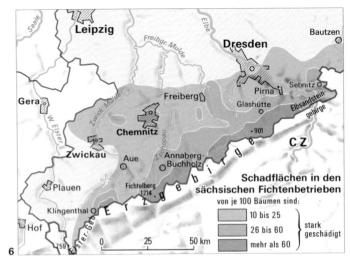

6 Schadflächen in den sächsischen Fichtenbetrieben
von je 100 Bäumen sind:
10 bis 25
26 bis 60 } stark geschädigt
mehr als 60

Einige Ursachen des Baumsterbens

durch die Natur verursacht — durch den Menschen verursacht

Witterungseinflüsse
- große Temperaturstürze
- lange Trockenperioden
- starker Wind

Schädlinge
- Schadpilze
- Viren und Bakterien
- Insekten

Luftschadstoffe
Aufnahme
- direkt aus der Luft
- über sauren Regen

Forstwirtschaft
- Monokultur
- falsche Waldpflege

Tod
Wipfeldürre Kronenverlichtung
Abwerfen von Nadeln oder Blättern
Wuchsstörungen Krankheiten
Wasser- und Nährstoffmangel Anreicherung von Schadstoffen
Störung der Wasser- und Nährstoffaufnahme Schäden im Feinwurzelbereich

Versauerung und Nährstoffverarmung von Waldböden durch
- Bäume selbst (Wachstum und Nadelzerfall)
- säurebildende Luftschadstoffe
- Auswaschung durch Niederschläge

5

1 Beschreibe die Fotos (1) bis (3), und ordne sie den einzelnen Abschnitten der Wanderung zu.

2 a) Wo treten im Erzgebirge die stärksten Waldschäden auf? Benutze dazu Karte (6).
b) Nenne mit Hilfe von Zeichnung (5), Grafik (7) und Text Ursachen, die zu dieser Schädigung führen.
c) Diskutiert die Fragen, wie man die auftretenden Waldschäden einschränken kann und welchen Beitrag wir leisten können.

3 Erkundigt euch beim Förster über Waldschäden in eurem Heimatgebiet.

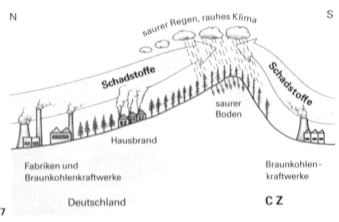

N — saurer Regen, rauhes Klima — S
Schadstoffe
Schadstoffe
saurer Boden
Hausbrand
Fabriken und Braunkohlenkraftwerke
Braunkohlenkraftwerke
Deutschland
C Z

7

Im Nationalpark Sächsische Schweiz

Den **Nationalpark** erreicht man am besten, indem man mit dem Schaufelraddampfer von Pirna, dem Tor zur Sächsischen Schweiz, elbaufwärts fährt.

In der Nationalpark-Informationsstelle am Amselfall erfährt man, daß

1

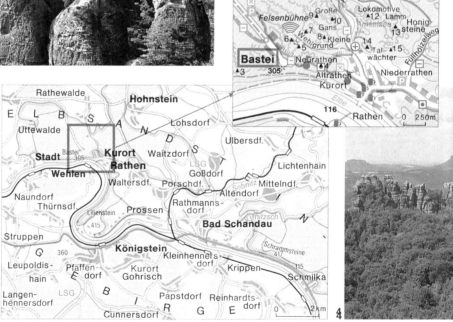

Wanderkarte Sächsische Schweiz

⊟⊡⊟⊠	Wanderwege
🌢	Burg,Schloß,Ruine
⚡	Aussichtspunkt
╤	Wasserfall
▲4	Klettergipfel
⊕	Rettungsstation
▶	Gaststätte
🅿	Parkplatz

2

1
Basteibrücke und Lilienstein

4
Schrammsteine

Wie das Elbsandsteingebirge entstand

Vor mehr als 100 Millionen Jahren gab es an der Stelle des heutigen Elbsandsteingebirges Meeresarme, in denen sich Sandschichten von mehr als 400 m Mächtigkeit ablagerten. Aus den losen Sanden wurde

3

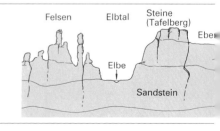

nur ein Viertel der Sächsischen Schweiz den Anforderungen an einen Nationalpark entspricht. In diesem Teil befinden sich die charakteristischen Oberflächenformen des Elbsandsteingebirges wie Felsriffe, Plateaus oder tiefe Schluchten. Moose und Farne sind hier ebenso zu Hause wie der Uhu oder der Eisvogel. Besonders wichtig ist aber, daß in diesem Gebiet kaum Menschen wohnen und nur wenige Straßen vorhanden sind.

Die Sächsische Schweiz bietet den jährlich drei Millionen Besuchern aber noch mehr. Da sind die 750 Jahre alte Festung Königstein, die Kurorte Stadt Wehlen, Bad Schandau oder Krippen, der Pfaffenstein mit der Barbarine oder die Kaiserkrone mit der Aussicht auf die Sächsisch-Böhmische Schweiz.

Nationalparks in Deutschland

Schleswig-Holsteinisches Wattenmeer
Hamburgisches Wattenmeer
Niedersächsisches Wattenmeer
Vorpommersche Boddenlandschaft
Jasmund
Südost-Rügen
Hamburg
Müritz
Schorfheide-Chorin
BERLIN
Spreewald
Mittlere Elbe
Hochharz
Leipzig
Köln
Rhön
Vessertal
Sächsische Schweiz
Frankfurt
Pfälzer Wald
Bayrischer Wald
München
Bodensee
Berchtesgaden

Nationalpark

Biosphärenreservat
(einzigartige Natur- und Kulturlandschaft unter UNESCO-Schutz)

0   100 km

5

eine feste Sandsteintafel, die sich langsam emporhob.
Die heutige Landschaft ist aus dieser Tafel modelliert worden. Der Bildhauer war und ist heute noch das fließende Wasser. Aber auch Wind, Eis und Schnee nagen an dem unterschiedlich festen Sandstein.

1 a) Plant eine Fahrt in die Sächsische Schweiz (Karte 2).
b) Nennt mögliche Ausflugsziele, die ihr kennenlernen wollt.

2 Vergleiche die Oberflächenformen und die Entstehung des Elbsandsteingebirges (3) mit den Formen und der Entstehung des Erzgebirges (Seite 126/127).

3 Der Nationalpark Sächsische Schweiz ist besonders schützenswert.
a) Begründe, warum nicht die gesamte Sächsische Schweiz zum Nationalpark erklärt wurde.
b) Erkläre, warum Einwohner und Touristen unterschiedliche Meinungen zur Nutzung des Nationalparks haben.
c) Diskutiert in der Klasse, wie man sich in solch einem geschützten Gebiet verhält.

4 Suche mit Hilfe der Karte (5) und der Karte Feriengebiete (Seite 184) weitere Erholungsgebiete in Deutschland auf.

Aus einer Umfrage zum Thema Nationalpark
Anzahl Ja-Stimmen je 100 Befragter
E = Einwohner
T = Touristen

– Bestimmte Zonen für Besucher schließen?
E 61   T 77
– Eintrittsgebühr erheben?
E 44   T 53
– Pkw-Benutzung für Touristen eingeschränkt?
E 78   T 90
– Einhaltung der Nationalparkordnung kontrollieren und Verstoß mit Bußgeld belegen?
E 92   T 97
– Keine touristischen Luxuseinrichtungen errichten?
E 58   T 84

6

Dresden ist eine Reise wert

1 Zwinger

2 Grünes Gewölbe

3 Semperoper

4 Hauptstraße

A

In Prospekten von Reiseunternehmen wird Dresden auch als Elbflorenz bezeichnet. Diesen Beinamen erhielt das alte Dresden wegen seiner prachtvollen Bauwerke sowie der vielen Türme und Kuppeln. Besucher verglichen damals die Stadt mit Florenz in Italien.

In der Nacht des 13. Februar 1945 wurde die Innenstadt durch Bombenangriffe fast völlig zerstört. Viele **6** berühmte Bauwerke wie die Frauenkirche, das Schloß und der Zwinger sanken in Schutt und Asche. Deshalb prägen heute vor allem Neubauten das Aussehen des Stadtzentrums. Besondere Bedeutung hat Dresden als **Landeshauptstadt** des Freistaates Sachsen. Das heißt: Der Landtag, die Landesregierung und die Ministerien haben ihren Sitz in Dresden. Hier werden die politischen Entscheidungen getroffen und die Gesetze beschlossen. Als Hauptstadt von Sachsen hat Dresden eine lange Tradition. Zeugen aus dieser Vergangenheit sind heute noch im Stadtbild erkennbar. Die Stadt ist aber nicht nur Verwaltungs- und Kulturzentrum Sachsens. Sie ist auch Zentrum des Verdichtungsraumes Oberes Elbtal und **Verkehrsknotenpunkt** für den nationalen und internationalen Verkehr. Die Technische Universität ist als wissenschaftliche Bildungseinrichtung weit über die Grenzen Sachsens bekannt.

Im Stadtzentrum befinden sich viele historische Bauwerke, Einrichtungen der Kultur und Verwaltung, **7**

Geschäftsstraßen und Fußgängerzonen sowie zahlreiche Wohnungen. Die Industriebetriebe haben hauptsächlich in den Außenbezirken der Stadt, entlang der Eisenbahnlinien, ihren Standort. Außerhalb des Stadtzentrums sind vor allem in Prohlis und Gorbitz große Neubaugebiete entstanden.

Für die Freizeit und Naherholung der Dresdner sind die Parkanlagen und das Waldgebiet Dresdner Heide von großer Bedeutung.

1 Weshalb ist Dresden ein Anziehungspunkt für Touristen? Verwende bei deiner Antwort die Bilder (1) bis (6).

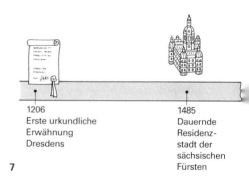

1206
Erste urkundliche
Erwähnung
Dresdens

1485
Dauernde
Residenz-
stadt der
sächsischen
Fürsten

5 Parkbahn

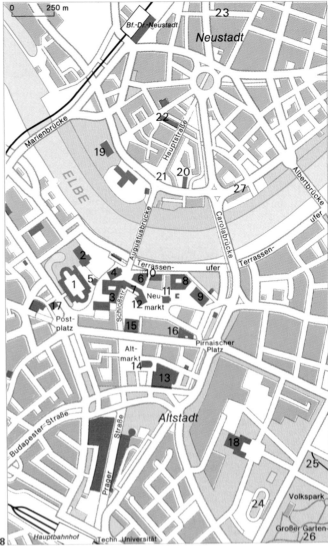

2 Arbeite mit der Karte (8):

a) Was erinnert noch an die Zeit, als Dresden Residenzstadt war?

b) Welche Sehenswürdigkeiten würdest du dir bei einem Besuch in Dresden ansehen? Suche sie auf dem Stadtplanausschnitt auf.

c) Plane einen Rundgang duch die Innenstadt.

3 Ordne die Gebäude A und B in Foto (6) der geschichtlichen Entwicklung Dresdens zu. Vergleiche mit der Zeitleiste (7).

4 a) Mit welchen Verkehrsmitteln kannst du von deinem Heimatort die Stadt Dresden erreichen?

b) Überlege, welche Vor- und Nachteile die unterschiedlichen Verkehrsmittel für den Touristen, die Dresdner und die Umwelt haben.

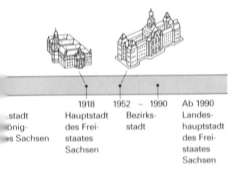

	1918	1952 – 1990	Ab 1990
...stadt ...önig- ...s Sachsen	Hauptstadt des Frei- staates Sachsen	Bezirks- stadt	Landes- hauptstadt des Frei- staates Sachsen

Dresden Innenstadt

1 Zwinger
2 Semperoper
3 Schloß
4 Kathedrale (ehemalige Hofkirche)
5 Altstädter Wache
　(heute Theaterkasse)
6 ehemaliges Landtagsgebäude
　Stallhof und Langer Gang
　mit Fürstenzug
8 Hochschule für Bildende Künste
9 Albertinum (Grünes Gewölbe)
10 Brühlsche Terrasse
11 Ruine der Frauenkirche
12 Johanneum (Verkehrsmuseum)
13 Rathaus

14 Kreuzkirche
15 Kulturpalast
16 Landhaus (Museum für Geschichte)
17 Schauspielhaus
18 Deutsches Hygiene-Museum
19 Japanisches Palais
20 Jägerhof (Museum für Volkskunst)
21 Goldener Reiter
22 Dreikönigskirche
23 Militärhistorisches Museum
24 Fußballstadion
25 Parkbahn durch den Großen Garten
26 Zoo
27 Ehemaliger Rat des Bezirkes
　Dresden, heute Sitz der
　Sächsischen Regierung

**Blick vom Schwarz-
wald über den
Kaiserstuhl auf die
Vogesen**

Zwei Landschaften am Rhein

Immer wieder erschüttern leichte bis mittelschwere Erdbeben den Oberrheingraben. Warum?
Im Erdinnern wirken starke Kräfte, die an dieser Stelle die Erde aufwölben. Durch starke Spannungen hervorgerufen, kam es zu Rissen und Spalten im Gestein. Es entstehen Bruchschollen. Der Scheitel der Aufwölbung sank ab. Der **Grabenbruch** bildete sich. Gleichzeitig drang heißes Magma an den Spalten nach oben.
Die Randschollen dagegen wurden gehoben und auseinandergedrückt. Zur selben Zeit setzte die Abtragung der Schichten auf den Randschollen ein. Das Material lagerte sich bis zu einer Mächtigkeit von 3 km im Graben ab.
Noch heute dauern die Bewegungen im Erdinnern des Oberrheingrabens an. Fährt man mit dem Schiff von Worms rheinabwärts nach Koblenz,

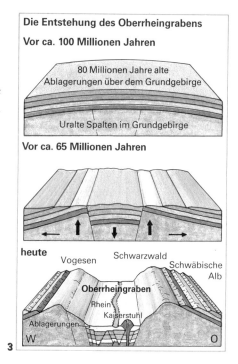

Die Entstehung des Oberrheingrabens

Vor ca. 100 Millionen Jahren

80 Millionen Jahre alte Ablagerungen über dem Grundgebirge

Uralte Spalten im Grundgebirge

Vor ca. 65 Millionen Jahren

heute

zeigt sich nördlich von Mainz ein völlig anderes Landschaftsbild. Die Randgebirge, die am Oberrhein bis zu 10 km vom Fluß entfernt waren, rücken fast bis an die Ufer des Rheins heran. An manchen Stellen ist das Tal nur noch 90 m breit.

134

Rhein-Durchbruchs-tal bei Boppard

4

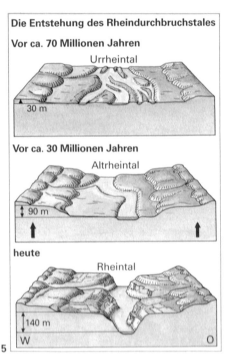

Die Entstehung des Rheindurchbruchstales

Vor ca. 70 Millionen Jahren

Urrheintal

30 m

Vor ca. 30 Millionen Jahren

Altrheintal

90 m

heute

Rheintal

140 m

W   O

5

entstand, wurden auch in diesem Gebiet einige Schollen herausgehoben. Da dies sehr langsam geschah, konnte der Fluß sich in das Gestein einschneiden. Es bildete sich ein **Durchbruchstal**.

1 Beschreibe die Lage des Oberrheingrabens (1).

2 Überlege, warum noch heute Erdbeben den Oberrheingraben erschüttern. Gehe dabei auf die Entstehung des Grabenbruchs ein. Nutze dazu die Profile (3) und den Text.

3 Beschreibe die Lage des Durchbruchstals des Rheins. Nenne die angrenzenden Gebirge (1).

4 Erkläre mit Hilfe der Blockprofile (5) und des Textes die Entstehung des Rhein-Durchbruchstals.

5 Suche im Atlas weitere Durchbruchstäler in Deutschland.

6 Vergleiche die Bilder vom Oberrheingraben (2) und vom Durchbruchstal (4). Welche Unterschiede kannst du erkennen? Erkläre sie kurz.

Felsen, wie die berühmte Loreley, ragen steil auf. Es wird so eng, daß kaum noch Straßen und Eisenbahnlinien im Tal Platz finden.
Früher floß der Rhein an dieser Stelle in einem sehr breiten Tal. Als die Bruchschollenlandschaft

135

1
**Industrieraum
Wörth:**
Mercedes-Benz,
Erdölraffinerien,
Containerhafen

Der Oberrhein – eine Verkehrs- und Industrieachse

2

Auf dem Fließband rückt das Fahrgestell heran. Wie von Geisterhand gelenkt, senkt sich die rote Fahrerkabine ab und rastet ein. „Hochzeit des Lastwagens" nennt die Arbeitsgruppe diese Montage. Acht Minuten später folgt bereits das nächste Fahrzeug. Bis zu 3500 Einzelteile werden zur Fertigstellung eines Lastkraftwagens im Montagewerk von Mercedes-Benz in Wörth benötigt.

Über tausend Betriebe in Europa beliefern das Werk in Wörth. 300 Lastwagen mit Fahrzeugteilen treffen täglich hier ein. So kommen Motoren aus Mannheim, Achsen aus Kassel, Getriebe aus Gaggenau, Lenkungen aus Düsseldorf. Als Standort für sein neues Werk wählte Mercedes-Benz Wörth am Rhein, um die Transportkosten möglichst niedrig zu halten. Unmittelbar am Fluß entstand seit 1962 Europas modernstes Lastkraftwagenwerk. Tag für Tag rollen dort 300 neue Lastwagen vom Band. Ein Teil davon wird mit der Eisenbahn in Europa versandt. In Containern verpackt, verlassen die Lastkraftwagen den Rheinhafen Wörth in Richtung außereuropäische Länder.

Dem Werk gehören 12 000 Beschäftigte an. Damit ist es der zweitgrößte Arbeitgeber in Rheinland-Pfalz. 2500 Pendler kommen über die französische Grenze. Mit dem Werk wuchs auch das Dorf Wörth zur Industriestadt: früher 3500, heute 18 000 Einwohner.

Über die „Wasserstraße Rhein" hinweg verbinden Autobahn und Eisenbahn Wörth mit dem Industrieraum Karlsruhe. Beiderseits des Flusses siedelten sich weitere Betriebe an. Raffinerien von Esso und Mobil Oil liegen sich am Rhein gegenüber. Früher war die Grenze zu Frankreich ein Hindernis für Industrieansiedelungen. Seit der Einigung europäischer Länder entwickelte sich das Oberrheinische Tiefland jedoch zu einem bedeutenden Wirtschaftsraum, in dem zehn Millionen Menschen leben. Als internationaler Schiffahrtsweg bildet der Rhein die **Verkehrsachse**. Parallel zum Fluß verlaufen wichtige Straßen und Eisenbahnen. Sie verbinden die Industriegebiete im Oberrheinischen Tiefland zwischen Basel und Frankfurt.

1 a) Beschreibe das Bild (1).
b) Lege ein Transparentpapier darauf, und zeichne eine Lageskizze der Industrieflächen und der Verkehrswege.
c) Begründe die Verkehrsgunst von Wörth.
2 Arbeite mit Grafik (4).
a) Suche die Wasserstraßen im Atlas.
b) Vergleiche ihre Bedeutung.
3 Fertige eine Übersicht der Industriegebiete am Oberrhein wie folgt an. Benutze Karte (3) und eine Wirtschaftskarte im Atlas.

Name	Stadt	Industriezweig
Rhein-Main	Frankfurt Wiesbaden Mainz	Chemie, Maschinenbau, Elektrotechnik u. a.
Rhein-Neckar	?	?

4 Das Oberrheinische Tiefland ist eine wichtige Verkehrs- und Industrieachse in Europa. Begründe dies (Karte 3).

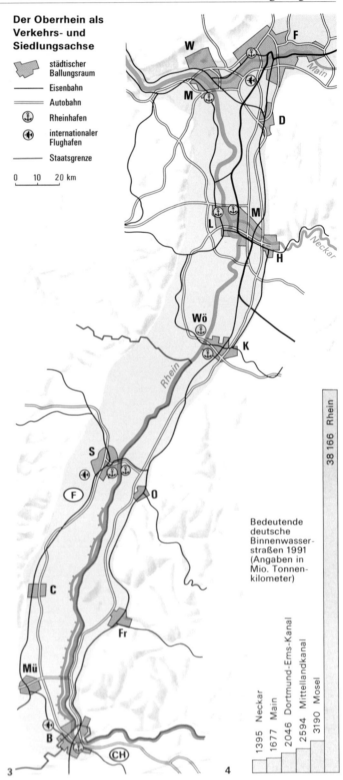

Der Oberrhein als Verkehrs- und Siedlungsachse

	städtischer Ballungsraum
——	Eisenbahn
═══	Autobahn
⚓	Rheinhafen
✈	internationaler Flughafen
——	Staatsgrenze

0 10 20 km

Bedeutende deutsche Binnenwasserstraßen 1991 (Angaben in Mio. Tonnenkilometer)

1395 Neckar
1677 Main
2046 Dortmund-Ems-Kanal
2594 Mittellandkanal
3190 Mosel
38 166 Rhein

3

4

137

1

Drehscheibe Frankfurt

Autobahn
Eisenbahn
schiffbarer Fluß
⊕ Flughafen

VERKEHRSDREHSCHEIBE FRANKFURT

nach...
nach...
nach...
nach...
nach...
nach...
nach...

2

Verkehrsdrehscheibe Frankfurt/Main

Wohl keine deutsche Stadt hat eine so günstige **Verkehrslage** wie Frankfurt am Main. Die Stadt liegt als **Verkehrsknoten** im Schnittpunkt vieler Verkehrswege von nationaler und internationaler Bedeutung:

• Am Frankfurter Kreuz treffen Autobahnen aus allen Himmelsrichtungen zusammen;

• der Frankfurter Hauptbahnhof, einer der größten Kopfbahnhöfe, ist eine wichtige Drehscheibe im Schienennetz der Deutschen Bundesbahn. Er wird von zahlreichen ICE-, EC- und IC-Zügen angefahren;

• über den schiffbaren Main und seinen Hafen ist Frankfurt mit den Binnenwasserstraßen Mitteleuropas verbunden.

Besonders wichtig ist jedoch Frankfurts Rolle im nationalen und internationalen Luftverkehr. Der Rhein-Main-Flughafen ist nach London-Heathrow der zweitgrößte europäische Passagierflughafen. Täglich werden hier etwa 70 000 ankommende oder abfliegende Fluggäste gezählt, in Spitzenzeiten sogar über 90 000. Pro Jahr sind es derzeit über 28 Millionen Passagiere. Dieses hohe Verkehrsaufkommen führt schon heute zu spürbaren Umweltbelastungen. Besorgt fragen viele Experten, wie es in Zukunft sein wird. Immerhin rechnet man für das Jahr 2000 mit 37 Millionen Passagieren.

Zum Passagierverkehr kommt noch der Luftfrachtverkehr hinzu. Hierbei steht Frankfurt sogar an erster Stelle in Europa. Bei Fachleuten

3

2
Abflugebene
Abfertigungsschalter,
Läden, Banken,
Restaurants, Warte-
hallen, Abflugräume
an den Flugsteigen

1
Ankunftsebene
Gepäckausgabe, Zoll-
kontrolle, Restau-
rants, Läden, Banken,
Reisebüros, Taxis

spricht man schon von „Frachtfurt".
Schließlich ist der Flughafen auch
die Zentrale des deutschen Luft-
postnetzes. Kurz nach Mitternacht
landen hier Flugzeuge aus allen Re-
gionen Deutschlands, die nur Post
an Bord haben. Schon eineinhalb
Stunden später startet die letzte
Maschine mit der nach Bestim-
mungsorten neu sortierten Post zum
Rückflug. Und noch vor drei Uhr
nachts sind alle Flugzeuge wieder
am Zielort.
Damit der Betrieb auf einem solchen Großflughafen funktioniert,
sind viele Arbeitskräfte nötig. Mit
über 50 000 Beschäftigten ist der
Rhein-Main-Flughafen der größte
Arbeitgeber in Hessen.
Wichtig ist, daß der Flughafen für
jedermann gut zu erreichen ist. Deshalb hat man ihn an das S-Bahn-
und Eisenbahnnetz angeschlossen.
Heute kann man sogar mit dem IC
oder dem Airport-Express direkt
zum Flughafen fahren.

1 Beschreibe die Fotos (1) und (3). Da
gibt es viel zu entdecken!
2 a) Übertrage die Skizze (2) in dein
Heft.
b) Beschrifte sie dann (Atlas).
3 Notiere anhand der Tabelle (4) die
Reihenfolge der deutschen Flughäfen
im Personen- und Frachtverkehr nach
ihrer Größe.
4 Welche Berufe werden auf dem
Flughafen gebraucht? Vergleiche mit
den Informationen am Rand.

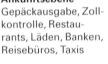

0
**Ebene unter dem
Flughafen**
Bahnhof, Zugänge
zur Tiefgarage und
zum Parkhaus, Ab-
fertigungsschalter,
Läden, Restaurants,
Kinos, Diskotheken

Deutsche Flughäfen 1991

Flughafen	Fluggäste	Luftfracht	Luftpost
Berlin ges.	7 979 632	20 145 t	16 533 t
Bremen	1 021 770	3 488 t	3 617 t
Dresden	608 746	301 t	2 435 t
Düsseldorf	11 310 364	45 109 t	7 645 t
Frankfurt	28 022 018	1 095 680 t	164 170 t
Hamburg	6 484 492	37 721 t	18 723 t
Hannover	2 894 763	14 611 t	11 846 t
Köln/Bonn	3 042 993	190 307 t	19 282 t
Leipzig-Halle	636 424	654 t	3 718 t
München	10 797 984	55 213 t	23 219 t
Münster	285 802	3 259 t	3 636 t
Nürnberg	1 427 230	10 588 t	10 297 t
Saarbrücken	273 853	388 t	—
Stuttgart	4 237 728	14 795 t	13 823 t

4

1

Industriegasse zwischen Stuttgart und Esslingen

2

Verdichtungsraum Stuttgart

Die Region Stuttgart ist heute einer der bedeutendsten Wirtschaftsräume Deutschlands. Dies war nicht immer so. Noch vor 150 Jahren zählte das Land am mittleren Neckar zu den ärmsten Gebieten:
- Es besaß fast keine Rohstoffe,
- die in kleine Betriebsflächen zersplitterte Landschaft konnte die Bevölkerung nicht mehr ernähren. Um zu überleben, mußten viele Menschen zusätzlich ein Handwerk ausüben oder in Heimarbeit Wolle und Flachs verarbeiten. Erst als die Industrialisierung einsetzte, verbesserten sich die Lebensbedingungen. Zunächst entstanden Textilfabriken. Sie gingen oft aus früheren Handwerksbetrieben hervor. Hinzu kam

der Bau von Textil- und Werkzeugmaschinen. Erfinder und Unternehmer wie Gottlieb Daimler und Robert Bosch schufen die Grundlagen für die Automobil- und Elektroindustrie, die hier noch immer zu den führenden Industriezweigen gehören.

Heute hat die Region eine vielseitige Industrie. Typisch ist das Nebeneinander von weltberühmten Großfirmen und zahllosen Mittel- und Kleinbetrieben. Allein in Stuttgart arbeiten heute zwei Drittel der Industriebeschäftigten im Fahrzeugbau, im Maschinenbau und in der Elektrotechnik. Und im Daimler-Werk Sindelfingen sind etwa 46 000 Menschen beschäftigt.

Ausgangspunkt dieser Entwicklung war Stuttgart. Da der enge Talkessel der Stadt wenig Ausdehnungsmöglichkeiten bot, drängten die Fabriken ins Neckartal und die angrenzenden Seitentäler. Hier entstanden **Industriegassen,** in denen sich Fabrik an Fabrik reiht. Nachdem auch dort der Platz eng wurde, griff die Bebauung immer stärker auf das anschließende Albvorland und auf die Gäuflächen aus.

1 a) Beschreibe Foto (1).
b) Erkläre dann den Beriff Industriegasse.
2 Der Neckar wurde bis Plochingen als Binnenwasserstraße ausgebaut. Welche Vorteile bringt dies?

Ein Experte zum täglichen Verkehrschaos:
„Besonders der Pkw-Verkehr der vielen Pendler hat in unerträglichem Maße zugenommen. Jeden Morgen dieselben kilometerlangen Staus in Richtung der Stadtzentren, insbesondere nach Stuttgart. Bei Unfällen bricht der Verkehr auf den überlasteten Straßen völlig zusammen. Außerdem nehmen Luftverschmutzung und Lärmbelästigung ständig zu. Unsere Forderung: Ausbau des öffentlichen Personennahverkehrs! Überfüllte S-Bahnen, Straßenbahnen und Busse sind in den Hauptverkehrszeiten auch hier die Regel."

Verdichtungsraum Stuttgart

0   5   10 km

Verdichtungsraum
Städte mit
■ über 500 000 Einw.
⊙ 50 000 – 150 000 Einw.
○ 20 000 – 50 000 Einw.
Ⓢ S-Bahn mit Endbahnhof
Autobahn
wichtige Bundesstraße

Smog über Esslingen

4
Montagehalle
für Autozubehör

5
Blick über den Westrand von Stuttgart

3 Erläutere, wieso man Stuttgart als Verkehrsknotenpunkt bezeichnen kann. Benutze Karte (3) und Atlas.
4 Notiere anhand der Firmen-Zeichen (2) einige Großbetriebe in der Region.
5 Werte Text (6) und Foto (7) aus:
a) Welche Probleme werden genannt?
b) Wie kann man Abhilfe schaffen?
6 Vergleiche die Entwicklung mit jener im Ruhrgebiet und im Verdichtungsraum Halle – Leipzig – Dessau.

141

Sonderkulturen am Oberrhein

Weinbau am Kaiserstuhl

Der Kaiserstuhl, ein ehemaliges Vulkangebirge im Oberrheinischen Tiefland, ist das größte Weinbaugebiet Baden-Württembergs. Die Reben wachsen auf neuen Großterrassen, aber auch noch auf den ursprünglichen Kleinterrassen.

Sie finden am Kaiserstuhl günstige Wachstumsbedingungen: hohe Temperaturen, viele Sonnenscheinstunden, geringe Niederschläge und keine Nachtfröste während der Wachstumszeit. Der fruchtbare Lößboden liefert der Weinrebe die notwendigen Nährstoffe. Der Weinbau erfordert sehr viel Arbeit, überwiegend Handarbeit. So ist der Weinbauer – in diesem Gebiet Winzer genannt – vom Rebschnitt im Januar bis zur Weinlese im Herbst fast ständig in seinen Weinbergen beschäftigt. Weil der Weinbau besonders hohe Ansprüche an Klima, Boden und Lage stellt und viel Arbeit erfordert, zählt er zu den sogenannten **Sonderkulturen.**

Weinbaubetriebe sind nicht sehr groß, denn der Arbeitsaufwand, aber auch der Ertrag je Hektar Rebfläche sind hoch. Vier Hektar Rebfläche reichen aus, um eine Winzerfamilie zu ernähren. Viele Weinbauern besitzen jedoch weniger als einen Hektar. Sie sind gezwungen, einen anderen Hauptberuf auszuüben. Ihre Weinberge bewirtschaften sie nach Feierabend und an den freien Tagen im **Nebenerwerb.**

Die meisten Weinbauern sind Mitglied einer Winzergenossenschaft.

Arbeitskalender eines Winzers
Reben schneiden
Reben biegen
Boden bearbeiten
Pflanzenschutz
Laubarbeiten
Traubenlese
Kellerarbeiten

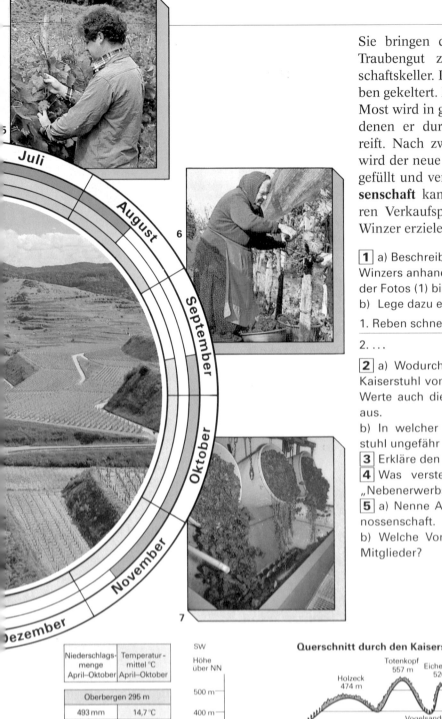

Sie bringen das frisch „gelesene" Traubengut zu ihrem Genossenschaftskeller. Dort werden die Trauben gekeltert. Der dabei gewonnene Most wird in große Tanks gefüllt, in denen er durch Gärung zu Wein reift. Nach zwei bis drei Monaten wird der neue Wein in Flaschen abgefüllt und vermarktet. Die **Genossenschaft** kann dabei einen höheren Verkaufspreis als der einzelne Winzer erzielen.

1 a) Beschreibe das Arbeitsjahr eines Winzers anhand des Kalenders (8) und der Fotos (1) bis (7).
b) Lege dazu eine Tabelle an:

1. Reben schneiden	Januar – März
2. ...	

2 a) Wodurch wir der Weinbau am Kaiserstuhl von der Natur begünstigt? Werte auch die Abbildungen (9), (10) aus.
b) In welcher Höhe liegt im Kaiserstuhl ungefähr die Weinbaugrenze?
3 Erkläre den Begriff „Sonderkultur".
4 Was versteht man unter einem „Nebenerwerbsbetrieb"?
5 a) Nenne Aufgaben der Winzergenossenschaft.
b) Welche Vorteile hat diese für die Mitglieder?

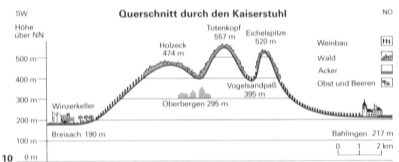

Niederschlags- menge April–Oktober	Temperatur- mittel °C April–Oktober
Oberbergen 295 m	
493 mm	14,7 °C
Feldberg 1493 m	
1030 mm	7,1 °C
Donauesch. 690 m	
508 mm	11,7 °C

9

Querschnitt durch den Kaiserstuhl

10

143

11
Lößhohlweg am
Kaiserstuhl
12
Umweltschonendes
Spritzen

11 12

Wärmeliebende
Pflanzen und Tiere
am Kaiserstuhl

Smaragdeidechse

Küchenschelle

Weinbau und Naturschutz

Seit dem Mittelalter legen die Weinbauern an den steilen Hängen des Kaiserstuhls Terrassen an. Diese erleichtern die Arbeit im Weinberg. Zusätzlich verhindern sie bei starken Regenfällen die Abspülung des wertvollen Bodens. Diese Kleinterrassen konnten aber häufig nur zu Fuß erreicht werden. Der Einsatz von Maschinen war kaum möglich.

Um die Arbeit der Weinbauern zu erleichtern, wurden im Rahmen der **Rebflurbereinigung** Großterrassen (Foto Seite 142/143 mitte) angelegt. Auf diesen erhielten die Winzer große, zusammenhängende Rebflächen. Ein Teil der Arbeit konnte nun mit Maschinen durchgeführt werden. Der jährliche Arbeitsaufwand je Hektar Reben sank von 3000 Stunden auf etwa 800 bis 1000 Stunden. Durch ertragreichere Rebstöcke, verstärkte Düngung und Schädlingsbekämpfung wurde die Erntemenge erheblich gesteigert.

Die Rebflurbereinigung brachte aber auch Nachteile. Durch die Anlage der haushohen Großterrassen mußten die typischen Lößhohlwege weichen. Dabei wurde der Lebensraum vieler einzigartiger Tiere und Pflanzen eingeengt oder gar zerstört.

Das Wissen um die Zusammenhänge in der Natur führte zu einem Umdenken. Neben wirtschaftlichen Interessen wird mehr und mehr die Notwendigkeit des **Naturschutzes** erkannt und berücksichtigt. Neue Terrassen werden heute kleiner und landschaftsschonender angelegt. Beim Einsatz von Dünge- und Schädlingsbekämpfungsmitteln versuchen immer mehr Winzer, mit geringeren Mengen auszukommen. Einige leisten durch biologische Düngung und biologischen Pflanzenschutz einen besonderen Beitrag zum Naturschutz.

6 a) Nenne Maßnahmen der Rebflurbereinigung.
b) Welche Vorteile und welche Nachteile brachten diese?

7 Wie alle Landwirte hat der Winzer eine Verantwortung gegenüber seiner Familie, aber auch gegenüber der Natur (Fotos 11 und 12) und seinen Mitmenschen. Diskutiert dies in der Klasse.

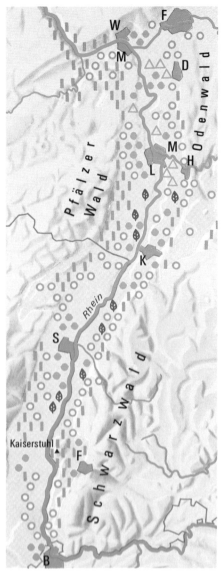

Spargelernte

Spargelanbau in Schwetzingen

Eine andere wichtige Sonderkultur im Oberrheinischen Tiefland ist der Spargel. Das bedeutendste deutsche Anbaugebiet liegt zwischen Heidelberg, Schwetzingen und Bruchsal. Der Spargel bevorzugt lockere, sandige Böden, die sich schnell erwärmen. Der Sandboden wird mit Humuserde angereichert.

Ein Spargelfeld bringt erst im vierten Jahr nach seiner Anlage Ertrag und kann dann zehn bis zwölf Jahre abgeerntet werden. Von April bis Juni ist Erntezeit: Der Spargel wird „gestochen", gewaschen, auf 22 cm Länge geschnitten und nach Dicke sortiert. So gelangt er auf Europas größten Spargelmarkt in Bruchsal.

8 Der Spargelanbau ist sehr arbeitsintensiv. Erkläre dies anhand von Foto (13) und „Kaum zu glauben".
9 Nenne Sonderkulturen des Oberrheinischen Tieflandes, die die Karte (14) zeigt.

Sonderkulturen am Oberrhein

I I I Wein
O O O Obst
Ⓕ Ⓕ Ⓕ Tabak
△ △ Spargel
● ● ● anderes Gemüse
☐ Gebiete mit einer Jahrestemperatur von mindestens 9°C

0   50 km
14

Kaum zu glauben:
Um ein Hektar Spargel zu stechen, muß man sich über 100 000mal bücken. Dazu benötigt man mindestens 600 Stunden.

Sonderkulturen sind Pflanzen, die
• besondere Ansprüche an Klima, Boden und Lage haben,
• meist als mehrjährige Nutzpflanzen (Dauerkulturen) angebaut werden,
• einen hohen Arbeitseinsatz und intensive Pflege verlangen,
• einen hohen Verkaufserlös bringen.

1 Mittelgebirge von A bis Z

Hinter den Buchstaben **A** bis **Z** verbergen sich die Namen von 26 Mittelgebirgen. Lege eine Liste an: **A** = ... Benutze auch den Atlas.

Der **A** wird auch als „Regenfänger" bezeichnet. Auf seinem höchsten Gipfel sollen Hexen tanzen. „Als die Römer frech geworden, zogen sie nach Deutschlands Norden ...". Dieses Lied bezieht sich auf den **B**, der zum Weserbergland gehört.

Im Rheinischen Schiefergebirge liegen sechs Mittelgebirge: Das **C** erstreckt sich von Deutschland nach Belgien. Die **D** ist bekannt durch ihre Vulkane und Maare. Durch den **E** verläuft die Edelsteinstraße. Das **F** ist der regenreichste Teil des Sauerlandes. Lenne und Ruhr entspringen dort. Im **G** „da pfeift der Wind so kalt". Der **H** ist reich an Heilquellen.

Das Oberrheinische Tiefland ist eine Grabeneinsenkung umrahmt von vier Mittelgebirgen: Ein bizarres Felsenland befindet sich im **I**. Durch den **J** verläuft die „Nibelungen- und Siegfriedstraße". Auf den Höhen der **K** verläuft die deutsch-französische Sprachgrenze. Kuckucksuhren, spezielle Torten und Schinken kommen aus dem **L**.

Kalke mit Versteinerungen prägen die Landschaft zweier Juragebirge: Die **M** liegt in Bayern und die **N** gehört fast ganz zu Baden-Württemberg.

Der Gebirgskamm des **O** stellte die Stammesgrenze der Thüringer und der Franken dar. Nach Südosten setzte er sich im **P** fort, der von Franken besiedelt wurde.

Den südlichen Teil des Hessischen Berglandes bestimmen drei Mittelgebirge: Der **Q** ist Europas größter erloschener Vulkan. In der **R** ist die Wasserkuppe ein beliebtes Ziel der Segelflieger. Den Brüden Grimm zufolge hat sich manches Märchen im **S** zugetragen.

Böhmen mit der Hauptstadt Prag wird von sieben Grenzgebirgen umschlossen: Im **T** liegt mit der Schneekoppe die höchste Erhebung dieser Mittelgebirge. Das **U** ist nach einer Landschaft in Sachsen benannt. Der Bergbau gab dem **V** seinen Namen. Vom **W** fließen Flüsse in vier Himmelsrichtungen. Den **X** quert die Europastraße 55 Nürnberg–Prag. Die Donau fließt von Regensburg bis Passau zu Füßen des **Y**. Er setzt sich nach Osten fort. Der höher gelegene Teil dieses „Waldgebirges" trägt den Namen **Z**.

Grundbegriffe

Becken
Bergbau
Bruchscholle
Durchbruchstal
Genossenschaft
Grabenbruch
Industrialisierung
Industriezweig
Mittelgebirge
Nationalpark
Naturschutz
Nebenerwerb
Rebflur-
  bereinigung
Schichtstufe
Sonderkultur
Steigungsregen
Verdichtungs-
  raum
Verkehrsknoten-
  punkt
Verkehrslage
Vorland
Waldsterben
Weinbau
Weinbaubetrieb
Zeugenberg

1

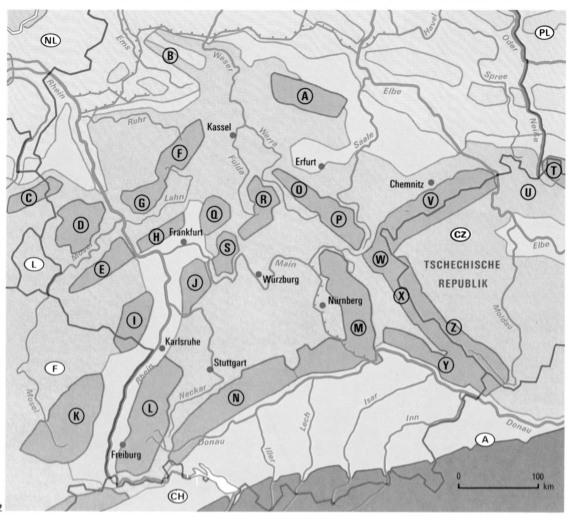

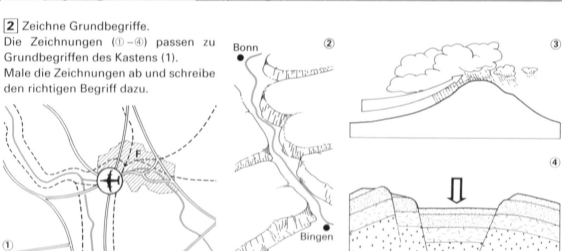

2 Zeichne Grundbegriffe.

Die Zeichnungen (①–④) passen zu Grundbegriffen des Kastens (1).

Male die Zeichnungen ab und schreibe den richtigen Begriff dazu.

1

2

3

4

In den Alpen

Zugspitze
2963 m

Riffelscharte
2161 m

Eibsee
Seilbahn

Landesgrenze
Tirol

Hst. Riffelriss
1650 m

Zahnradbahn

Eibsee
Seilbahn

Eibsee Rundweg

Eibsee
1000 m

Bhf. Eibsee

Eibsee Höhenweg

Zierwald

Zugspitzbahnhof
Grainau

Badersee

Obergrainau

Hallen-
Freibad

Untergrainau

Im Süden Deutschlands liegen die Alpen. Sie sind Europas größtes Hochgebirge. In bogenförmigem Verlauf erstrecken sich die Alpen über 1200 Kilometer. Sieben Länder haben Anteil an dem Gebirge. Zu Deutschland gehört ein Teil des Nordrandes mit der Zugspitze als höchstem Berg.

Im **Hochgebirge** gelten eigene Gesetze, und für das Leben dort bestehen manche Schwierigkeiten.
Neun Millionen Menschen leben in den Alpen, aber 40 Millionen verbringen dort Jahr für Jahr ihre Ferien. Für die Landschaft der Alpen mit ihren Tieren und Pflanzen ist dies nicht ohne Folgen geblieben.

Höhenstufen der Alpen

In Tirano starten Stephanie, Georg und ihre Eltern zu einer langen Bergtour. Der Ort liegt im Veltlin auf 429 m Höhe inmitten von Weinbergen. Hier ist es so warm, daß sogar Feigen und Palmen wachsen. Mit einer der steilsten Eisenbahnen der Welt ohne Zahnrad, dem Bernina-Expreß, geht es frühmorgens zum Berninapaß hinauf.

Zunächst fährt der Zug an Obst- und Gemüsegärten und an vielen Edelkastanien vorbei. „Hier würde ich gern in ein paar Wochen Maronen sammeln", sagt Georg.

Der Wald besteht anfangs fast nur aus Laubbäumen. Je höher der Zug klettert, desto mehr mischen sich Nadelbäume darunter. Schließlich kommen im Wald fast nur noch Lärchen, Fichten und Zirbelkiefern

vor. Auf flachen Hängen ist der Nadelwald gerodet. Dort liegen heute Viehweiden. Weiter oben lichtet sich der Wald und macht grünen Matten Platz. Hier weiden Rinder und Schafe für wenige Sommermonate. Im Gras stehen nur noch einzelne, höchstens kniehohe Sträucher und Krummholzkiefern. Man sieht ihnen an, wie schwer hier das Überleben fällt. Alle Äste und Zweige, die im Winter aus der schützenden Schneedecke herausragten, sind abgestorben.

Am Berninapaß, in 2253 m Höhe, steigt die Familie aus. Hier beginnt ihre Bergwanderung zur Diavolezza (2973 m), einem der schönsten Aussichtspunkte in den Alpen. Bald schon führt der Pfad über Gesteinsschutt und Fels, auf denen kaum noch etwas gedeiht. Kurz vor dem Ziel ist noch ein Schneefeld zu überqueren, das sogar im Sommer nicht wegtaut. „In Tirano hätte ich

Chur
585 m

Samedan
1705 m

St. Moritz
1775 m

Pontresina
1774 m

Bernina-paß
2253 m

Poschiavo
1014 m

Tirano
429 m

Bernina-Expreß

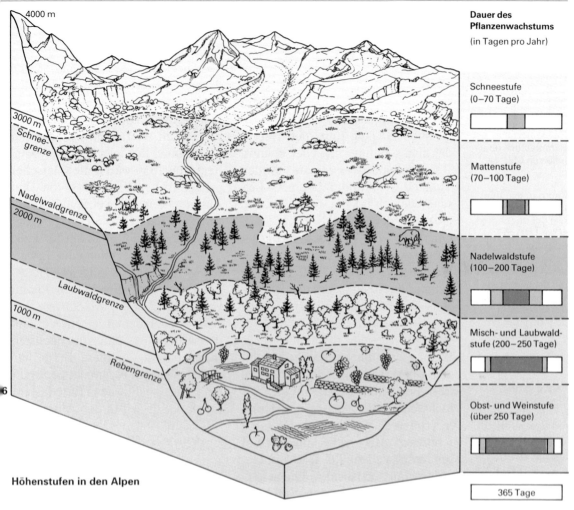

Höhenstufen in den Alpen

Dauer des
Pflanzenwachstums

(in Tagen pro Jahr)

Schneestufe
(0–70 Tage)

Mattenstufe
(70–100 Tage)

Nadelwaldstufe
(100–200 Tage)

Misch- und Laubwald-
stufe (200–250 Tage)

Obst- und Weinstufe
(über 250 Tage)

365 Tage

fast vergessen, welche Temperaturen mich hier oben erwarten", meint Stephanie, während sie Wollmütze, Pullover und Handschuhe aus dem Rucksack holt. Ein letzter Anstieg, dann erscheinen die Berge und Gletscher der Bernina-Gruppe. Über 4000 m ragen die höchsten Gipfel empor. Dort oben herrscht das ganze Jahr über tiefster Winter. Die Höhenstufen, wie sie Stephanie und Georg erlebt haben, findest du ähnlich überall in den Alpen.

1 Suche im Atlas das Gebiet, in dem die Bergtour stattfand.

2 Stephanie und Georg sind durch fünf Höhenstufen gekommen und haben dabei vier Grenzen überquert. Suche die Bezeichnungen der Stufen und Grenzen in der Zeichnung (6), und erkläre sie.

3 Bestimme die Höhenstufen auf den Fotos (2) bis (5). Achtung! Ein Foto zeigt mehr als eine Stufe.

4 Welche Nutzungsmöglichkeiten bieten die einzelnen Höhenstufen?

5 Schreibe auf, welche Pflanzen auf den einzelnen Höhenstufen wachsen, und begründe diese Erscheinung.

Mit der Höhe wird die Luft kälter, im Durchschnitt um 0,5 °C auf 100 m.

151

1

Rhônegletscher am Dammastock oberhalb von Gletsch

Kaum zu glauben: In der letzten Eiszeit war der Rhônegletscher 1500 m mächtig. Er füllte das heutige Rhônetal in den Alpen, so daß ihn nur die höchsten Berge überragten. Der Gletscher reichte über den Genfer See hinweg bis nach Lyon.

Hochgebirge: Bis über die Waldgrenze aufragendes Gebirge mit steilen Hängen und großen Höhenunterschieden

Trogtal Wolkenstein

Gletscher in den Alpen

„Bitte folgen Sie mir in die Gletschergrotte!" ruft Fremdenführer Beni Champferer. Durch den ins Eis gehauenen Gang führt der Weg in das blau schimmernde Gletschereis. „Das Schmelzwasser am Boden sammelt sich und fließt als Gletscherbach zu Tal. Sie stehen also am Ursprung der Rhône!"

Oberhalb von Gletsch, an der Straße zum Furkapaß, hat man vom Hotel Belvedere in 2300 m Höhe den besten Ausblick auf den Rhônegletscher. Die eisgepanzerten Berge erreichen Höhen über 3500 m. Dort fällt der Niederschlag meist als Schnee, und die Temperaturen steigen selbst im Sommer nur kurze Zeit über den Gefrierpunkt. Aus hell-weißem Neuschnee bildet sich in großen Firnbecken blaues Gletschereis. Aus dem **Nährgebiet** schiebt es sich zu Tal. Die vom Gesteinsschutt bedeckte **Gletscherzunge** auf dem unteren Steilhang ist von unzähligen Eisspalten längs und quer zerfurcht. Sie ist das **Zehr-**

gebiet, aus dem milchig-grünes Schmelzwasser fließt. Es ist die junge Rhône.

Talgletscher wie Rhône- und Tschierva-Gletscher sind in den Zentralalpen häufig: 1300 zählt man in den Alpen. Die meisten davon liegen in den Westalpen, wo auch der Montblanc, Europas höchster Berg, liegt. Um 1850 waren die **Gletscher** größer als heute. Ältere Seiten- und Endmoränen, die Schuttablagerungen am Gletscherrand, zeigen dies an. Auch in Bild (5) ist ein Rückzug zu erkennen, welcher eine Erwärmung des Klimas anzeigt. Umgekehrt war es in der letzten Eiszeit vor 20000 Jahren. Mächtige Gletscher stießen damals bis ins Vorland der Alpen vor. Nur die höchsten Berge überragten diese Eisströme, die das Gebirge regelrecht zerfurchten. Die wichtigste Hinterlassenschaft der Eiszeit in den Alpen sind

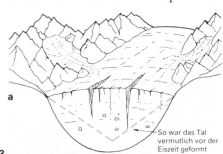

a

So war das Tal vermutlich vor der Eiszeit geformt

3

Das Gletschertal im Eiszeitalter

b

Paß

Straße
Fluß

4

Das Trogtal heute

2

Wie Gletschereis entsteht

Neuschnee

Durch wiederholtes Auftauen und Frieren entsteht körniger Altschnee, der **Firn**

Im Laufe der Zeit entsteht daraus **Firneis**

Weitere Schneeablagerungen pressen das Firneis zusammen. Nach einigen Jahren entsteht **Gletschereis**

Die größten Alpengletscher

in den Westalpen:
Aletschgletscher an der Jungfrau
(4166 m)
Länge: 24,7 km
Fläche: 113 km²

in den Ostalpen:
Pasterze am Großglockner (3798 m)
Länge: 9,5 km
Fläche: 24 km²

---

die **Trogtäler.** In der Schweiz heißt sogar ein Kanton nach dem vom Rhônegletscher ausgefurchten Trogtal: „Wallis" oder „Valais" – das Tal.

1 Arbeite mit dem Atlas...
a) Bestimme die Höhen von Montblanc, Dammerstock und Bernina.
b) Suche den Aletschgletscher.
c) Bestimme, wie lang der Rhônegletscher während der letzten Eiszeit war.
2 a) Ordne den Buchstaben in Bild (5) die Begriffe (6) der Randspalte zu.

b) Nähr- und Zehrgebiet lassen sich in Bild (5) gut unterscheiden. Wie?
3 Trogtäler sind die wichtigste Hinterlassenschaft der Eiszeit:
a) Erkläre ihre Entstehung.
b) Begründe die Aussage.
c) Nenne wenigstens vier große Längstäler der Alpen.
4 Vergleiche Höhen und Oberflächenformen im Mittelgebirge und im Hochgebirge anhand von Bild (5) und Bild (1) auf Seite 124/125.

5
Der Tschiervagletscher

Am Gletscher
Im Nährgebiet:
1 Firnbecken
2 Querspalten
3 Eisbruch
Im Zehrgebiet:
3 Eisbruch
4 Gletscherzunge
5 Gletscherbach
6 Seitenmoräne
7 Endmoräne

6

**Das Alpenvorland
in der letzten Eiszeit**

	vergletscherte Gebiete
	Endmoränen
	Schotter-ablagerungen
	Löß-anwehungen

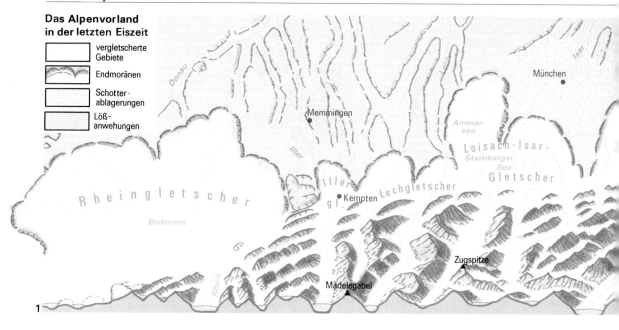

1

Im Alpenvorland

Innerhalb von zwei Millionen Jahren waren die Gletscher viermal bis in das Alpenvorland vorgedrungen und hatten dort ihre Spuren hinterlassen. Man nennt diesen Zeitraum der jüngeren Erdgeschichte das **Eiszeitalter.**

Noch vor etwa 20 000 Jahren reichten die Gletscher weit in das Vorland hinein. Es war die letzte Eiszeit. Damals war auch ganz Nordeuropa von einer mächtigen Eisschicht bedeckt, wie wir sie heute noch in Grönland und in den Polargebieten finden. Die von Norden vorrückenden Gletscher reichten zeitweise bis an den Nordrand der deutschen Mittelgebirge. So entstand zum Beispiel in Mecklenburg eine ähnliche Eiszeitlandschaft wie im Alpenvorland. Wo das Alpenvorland von Eismassenbedeckt war, erstreckt sich heute die abwechslungsreiche **Grundmoränenland-**

2

schaft mit Wiesen, Mooren und kleinen Seen. Die Landwirtschaft findet dort zum Teil gute Bodenverhältnisse, denn am Grund der Gletscher wurde unter dem Gewicht der wandernden Eismassen Gestein zu feinkörnigem Gesteinsmehl zermahlen. Wo sich die schweren Eismassen langsam in das Vorland hinausschoben, schürften die Gletscherzungen auch tiefe, meist langgestreckte Becken aus. Darin entstanden nach dem Abschmelzen des Eises große Zungenbeckenseen wie der Chiemsee, der Starnberger See, der Ammersee und der Bodensee.

Vor den Endmoränen schütteten die Schmelzwasserflüsse ausgedehnte Flächen aus Kies und Sand auf. Die Landeshauptstadt München liegt auf einer solchen ebenen Schotterplatte.

Aus den weiten Schotterflächen haben heftige Stürme feinen Gesteinsstaub ausgeblasen. Wo er sich ab-

154

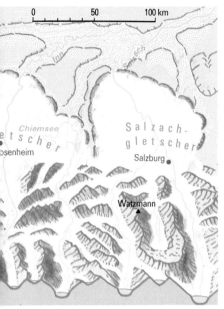

Zum Eiszeitalter in Norddeutschland schlage noch einmal die Seiten 76/77 auf.

1 Beschreibe, was die Karte (1) über die Entstehung der Landschaftsformen im Alpenvorland aussagt:

a) Wie sah die Landschaft im ehemals vergletscherten Gebiet in der Eiszeit aus?

b) Auf welche Weise hat im Gebiet vor den Endmoränen das austretende Schmelzwasser die Landschaft geprägt?

2 Untersuche mit dem Blockbild (3), wie die eiszeitlichen Ablagerungen im Alpenvorland genutzt werden können.

Das Alpenvorland nach dem Abschmelzen der Gletscher

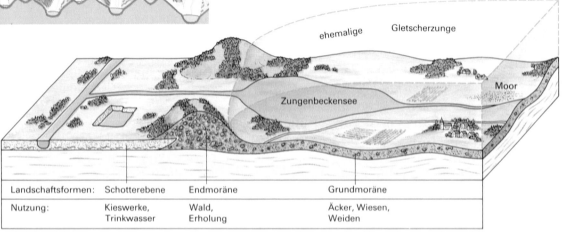

Landschaftsformen:	Schotterebene	Endmoräne	Grundmoräne
Nutzung:	Kieswerke, Trinkwasser	Wald, Erholung	Äcker, Wiesen, Weiden

3

Starnberger See

setzte, entstanden Lößablagerungen. Ein Beispiel ist der Dungau. In dem unwirtlichen Land vor den Gletschern lebten in der letzten Eiszeit bereits Menschen. Sie waren Jäger und Sammler. Funde in Kies- und Sandgruben Südbayerns belegen, daß in jener Zeit Mammutherden das Land durchzogen. Moschusochsen und Säbelzahntiger waren ebenfalls Bewohner der Eiszeitlandschaft.

4

Alpenvorland und Allgäuer Alpen

1

Grünlandwirtschaft im Allgäu

Allgäu! Woran denkst du bei diesem Namen? An Alpengipfel? An Wintersport? Vermutlich aber nicht an Milch! Und dennoch ist das Allgäu für seine Milcherzeugnisse berühmt. Das Allgäu liegt ganz im Süden Deutschlands. Es ist ein Teil des Alpenvorlandes zwischen Lech und Bodensee. Wegen der kühlen Sommer und der hohen Niederschläge lohnt sich hier der Ackerbau nicht

mehr. Das Allgäu ist heute überwiegend ein **Grünlandgebiet.** Wiesen und Wälder bedecken das hügelige Land, in dem einzelne Bauernhöfe wie kleine bunte Tupfer stehen.

Familie Maier besitzt einen solchen Hof. Zu diesem gehören 35 Milchkühe, die das ganze Jahr über in einem großen Stall leben.

Dazu erzählt Herr Maier: „Seit einigen Jahren haben wir einen ganz modernen Kuhstall. Er erleichtert unsere Arbeit sehr. Früher waren die Kühe von Mai bis Oktober draußen. Alle vier bis fünf Tage mußten sie

Steigungsregen im Allgäu

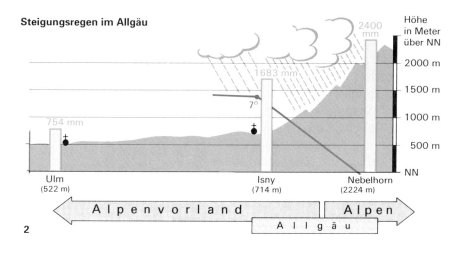

2

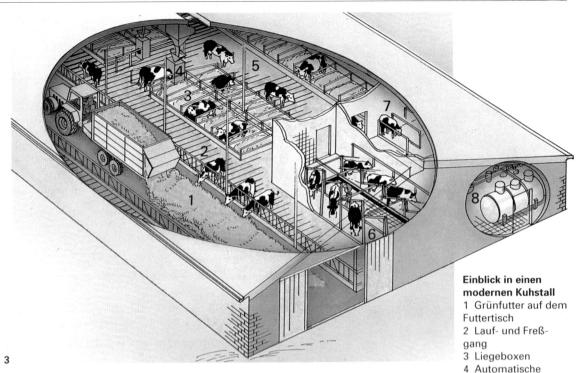

Einblick in einen modernen Kuhstall
1 Grünfutter auf dem Futtertisch
2 Lauf- und Freß-gang
3 Liegeboxen
4 Automatische Kraftfutterstation
5 Laufgang
6 Melkstand
7 Kälberstall
8 Milchkammer

dann die Weide wechseln. Außerdem haben wir sie zweimal am Tag zum Melken in den Stall getrieben. Heute aber haben die Kühe im Stall ihren Freßplatz und ihre Liegebox zum Wiederkäuen und Schlafen. Zum Melken laufen sie selbständig zum Melkstand nebenan. Das Melken schafft meine Frau mit Hilfe der modernen Melkmaschine ganz allein. Ich fahre in der Zwischenzeit mit der Mähmaschine zum Grasholen auf die Wiese. Zusätzlich erhalten die Kühe Kraftfutter."
Jeden Tag holt ein Tankfahrzeug die Milch ab und bringt sie in die Molkerei. Dort wird sie weiterverarbeitet zu Trinkmilch, Butter, Sahne, Joghurt, Quark, Pudding und vielen anderen Milchprodukten. Andere Landwirte liefern ihre Milch an eine Käserei, in der der bekannte Allgäuer Emmentaler her-

gestellt wird. Was auch immer aus der Allgäuer Milch wird: Ein Produkt aus dem Allgäu findest du auch in deinem Supermarkt. Wetten?

1 Beschreibe anhand des Fotos (1) und des Textes die Landschaft im Allgäu.
2 Temperatur und Niederschlag ändern sich in Richtung der Alpen. Erkläre die Zeichnung (2) und den Begriff **Steigungsregen**.
3 Der Hof von Familie Maier sieht anders aus als der von der APRO (Seite 80/81). Vergleiche.
4 a) Welche Vorteile hat es, die Kühe nur noch im Stall zu halten?
b) Was würden die Tiere dazu sagen, wenn sie sprechen könnten?
5 Erkundige dich nach Käsesorten und woher diese kommen.

Betriebsspiegel
Grünlandbetrieb mit Milcherzeugung
Arbeitskräfte: Herr und Frau Maier
Flächen: 38 ha Grünland, kein Ackerland
Tiere: 35 Milchkühe
Maschinen: Melkmaschine, Mähmaschine, Traktor, Futterautomat, Düngerstreuer

Hintertux um 1932

Hintertux heute

Wandel eines Tals – Hintertux

Herr Klausner vom „Klausnerhof" erzählt: „Hintertux – das waren früher sieben Bergbauernhöfe. Einige Gäste kamen zwar schon zur Zeit der Großeltern, aber nur im Sommer: Sie suchten die gesunde Bergluft oder unsere kleine Heilquelle. Wir lebten hauptsächlich von der Rinder- und

Schafzucht. Schule – das war für die Kinder noch Nebensache. Im Sommer zog ein Teil der Familie mit den Rindern und Schafen hinauf zur **Alm.** Dort hatten wir unsere Almhütte, in der der Senner aus der Milch die Butter und den Käse machte. Wir Jungen halfen ihm und den Melkern als Hirtenbuben.

Unser Leben oben auf der Alm wie unten im Dorf war einfach und hart. Im Winter war der Ort oft ganz von der Umwelt abgeschnitten, wenn der Schlittenweg verschneit oder eine Lawine abgegangen war. Heute ist unser Dorf über die ausgebaute, lawinengeschützte Straße gut erreichbar, selbst im tiefsten Winter. Der Schnee bringt uns das Geld, besonders seitdem die Skigebiete auf der Sommerbergalm und dem Tuxer Gletscher durch Gondelbahnen und Lifte erschlossen wurden. Von Oktober an, wenn der erste Schnee im Dorf fällt, bis nach Ostern haben wir alle Hände voll zu tun. Vor allem meine Frau. Sie leitet das Hotel. Auch die übrigen Höfe

Legende:
≡ Straße
— Weg
----- Bergpfad
░░░ Langlaufloipe
[P] Parkplatz
Wiesen, Weiden
Nadelwald
Hotel, Pension, Ferienwohnung (nach 1965 neu gebaut oder erweitert)
hier stand ein alter Bauernhof (heute Hotel)
[R] Alm-Restaurant
Gebäude für die Viehwirtschaft

Hintertux (1500 m)
N
zum Tuxerjoch (2360 m)
[R] Bichlalm 1700 m
nach Lanersbach
Klausnerhof
Kinderspielplatz
Schlepplift
Thermalhallenbad
Gletscherbahn (von 1500 m auf 3250 m)
Tennisplatz
Thermalfreibad
Tuxbach
Grieralm 1787 m [R]
Wasserfall
0   500   1000   1500   2000   2500 m

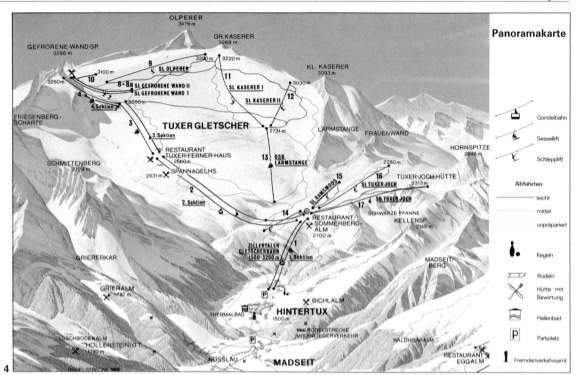

Panoramakarte

Gondelbahn

Sessellift

Schlepplift

Abfahrten
— leicht
— mittel
— unpräpariert

Kegeln

Rodeln

Hütte mit
Bewirtung

Hallenbad

Parkplatz

Fremdenverkehrsamt

leben jetzt vorwiegend vom **Frem-denverkehr.** Langsam wird es eng im Tal, denn in den letzten Jahren ist viel gebaut worden.

Die Landwirtschaft ist in Hintertux noch nicht aufgegeben worden. Die meisten Hotelbesitzer betreiben sie als Nebenerwerb. Die Wiesen und Almen bleiben deshalb erhalten. Aber aus dem Bauerndorf ist in-zwischen ein **Fremdenverkehrsort** geworden.

1 Hintertux hat sich seit 1932 ver-ändert.
a) Beschreibe das Foto (1).
b) Beschreibe das Foto (3). Achte be-sonders auf die Zahl der Häuser und auf die Hausformen.
2 Welche Veränderungen kann man in der Karte (2) ablesen? Nenne Bei-spiele.
3 Wo sind Freizeitangebote in der Bildkarte (4) verzeichnet?

4 Wie hat sich der Fremdenverkehr in Hintertux entwickelt? Erläutere die Übernachtungszahlen für den Sommer und für den Winter im Diagramm (5).
5 Manche meinen, das Leben in der „guten alten Zeit" sei besser gewesen. Sprecht darüber in der Klasse.

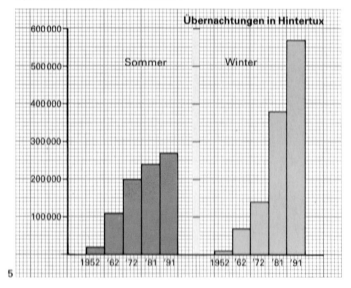

Übernachtungen in Hintertux

Sommer   Winter

1952 '62 '72 '81 '91   1952 '62 '72 '81 '91

159

Lac de Tignes

1

Alpen in Gefahr

Immer höher, immer besser, immer mehr – das scheint die Zukunft des Fremdenverkehrs in den Alpen zu sein. Jahr für Jahr werden neue Lifte gebaut bis hinauf auf die Gletscher, damit selbst im Sommer Skilauf möglich ist.

Früher wohnten die Menschen – solange dort Platz war – unten in den

Skipiste im Sommer

2

Tälern. Heute können die Fremdenverkehrsorte nicht hoch genug liegen.

Ein Beispiel ist Lac de Tignes, das eigens für Touristen angelegt wurde. Hier sind in 2100 m Höhe über 15000 Fremdenbetten geschaffen worden – vorwiegend in Ferienwohnungen. Was hat die einheimische Bevölkerung davon? Da viele Gäste das meiste, was sie brauchen, von zu Hause mitbringen, sind vor allem Arbeitsplätze für Skilehrer, Liftwarte und Reinigungspersonal entstanden. Sie werden überwiegend nur im Winter benötigt, denn im Sommer stehen viele Betten leer. Den größten Verdienst hatten noch die Bauunternehmer und die Wohnungsverkäufer.

Lac de Tignes wird viel kritisiert. Es ist ein künstlicher Fremdenverkehrsort. Zahllose Liftanlagen verschandeln die Landschaft. Breite Zufahrtsstraßen zerschneiden die Hänge. Für die Skipisten sind Berge planiert und Schneisen in die Bergwälder geschlagen worden. In großer Höhe aber braucht die Vegetation mehr Zeit, um sich von Schäden zu erholen.

Eine andere, nicht minder starke Bedrohung geht für die Alpen vom **Durchgangsverkehr** aus. Der Lärm auf den Zufahrtsstraßen zu den Tunneln und den Pässen quält Menschen und Tiere. Die Auspuffgase von Millionen Autos schädigen die Bäume. Der **Bergwald** stirbt. Anders als der gesunde Wald kann er das Regenwasser und den Schnee nicht mehr festhalten. Die Gefahr steigt, daß Hochwasser, Lawinen und Schuttströme (Muren) zunehmen. Schon plant man unter dem St. Gotthard und dem Brenner bis zu 50 km lange Tunnel. Ist das eine Lösung für die Alpen?

3

Brennerautobahn im Eisacktal

1 Beschreibe das Foto (1):
a) Was ist im Vordergrund, was im Hintergrund zu sehen?
b) Beschreibe die Häuser. (Wo gibt es normalerweise solche Häuser?)
c) Sind besondere Einrichtungen für Touristen – z. B. Lifte – zu sehen?
d) Zu welcher Jahreszeit ist das Foto aufgenommen worden?
e) Wie kann man die Höhenlage des Ortes erschließen?

2 a) Welche Verkehrswege erkennst du auf Foto (3)?
b) Beschreibe die Schwierigkeiten beim Bau dieser Verkehrswege.
c) Welche Vorteile und welche Nachteile hätte ein langer Tunnel unter dem Brenner?
3 a) Beschreibe Foto (2).
b) Welchen Zusammenhang gibt es zwischen Foto (2) und (4)/(5)?
4 Viele Bewohner der Alpen leben vom Fremdenverkehr und vom Durchgangsverkehr. Inwiefern werden die Lebensgrundlagen der Menschen durch die Zunahme des Verkehrs verbessert oder verschlechtert?

Kaum zu glauben
Bereits 80 Tritte von Bergwanderern können einen Rasen in der Mattenzone zerstören. Zur völligen Erholung braucht er bis zu 500 Jahre. Auf Ski-Abfahrtsschneisen in der Bergwaldzone läuft 14mal mehr Wasser zu Tal und wird 30mal mehr Boden abgetragen als auf natürlichem Waldboden.

4

5

4
Hochwasser im Stubaital 1987 ...
5
... und was das Hochwasser zurückgelassen hat

1 Suche für jede Zahl den richtigen Begriff, und schreibe ihn zusammen mit der Zahl auf.

Jahrtausende bot das Hochgebirge fast nur den (1) eine Lebensgrundlage. Heute leben viele Alpenbewohner vom (2). Manche Orte haben sich vom Bergbauerndorf zum (3) entwickelt. Andere leiden unter dem (4). Das Alpenvorland ist heute vorwiegend ein (5).

Beim Anstieg vom Tal auf einen schneebedeckten Gipfel durchquert man verschiedene (6). Ein (7) entsteht dort, wo mehr Schnee fällt als abtaut. Wo auch im Sommer viel Neuschnee auf ihn fällt, liegt sein (8). In seinem (9) schmilzt er so stark ab, daß er dort viel (10) ablagert. Im (11) reichte das Eis wiederholt bis ins Alpenvorland und hinterließ dort Ablagerungen. Unter dem Eis blieb die (12), am Eisrand die (13) liegen. Vor dem Eisrand schütteten Schmelzwasserbäche die (14) auf. Auf seinem Weg durch die Alpen hat das Eis U-förmige (15) ausgehobelt.

Weil der (16) in den Alpen krank ist, besteht Gefahr, daß viele Alpentäler unbewohnbar werden.

Grundbegriffe
Alm
Alpenvorland
Bergwald
Durchgangs-
verkehr
Eiszeitalter
Elektronik-
Industrie
Fremdenverkehr
Fremdenverkehrs-
ort
Gletscher
Gletscherzunge
Grünlandgebiet
Grundmoränen-
landschaft
High-Tech-
Industrie
Hochgebirge
Höhenstufe
Nährgebiet
Steigungsregen
Trogtal
Zehrgebiet

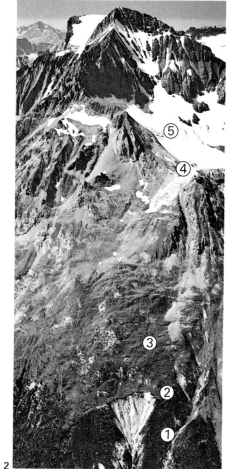

2

„Drecksack" gegen Abfall-Lawine

MÜNCHEN (AP). Der Deutsche Alpenverein hat eine Initiative gegen die wachsende Abfall-Lawine in den Bergen gestartet. Das Konzept mit dem Titel „Drecksack" setzt darauf, daß jeder Trekker und Bergsteiger seinen Abfall wieder mit ins Tal bringt.

Auch Essensabfälle sollte man im Hochgebirge nicht wegwerfen. Für ihre Zersetzung sind Kleinlebewesen, vor allem Pilze und Bakterien, zuständig. Im Hochgebirge können sie wegen der Kälte kaum arbeiten. Deshalb kann sich sogar eine Bananenschale viele Monate halten.

Zum Gipfel immer den immer Blechdosen nach!

1

Regeln für Bergwanderer

1. Bereite jede Wanderung mit Hilfe der Wanderkarte vor.
2. Plane keine zu großen Tagesmärsche! Höhenunterschiede zu überwinden kostet Zeit und Kraft.
3. Feste, hohe Schuhe mit Profilsohle (keine Halbschuhe!) und wetterfeste Kleidung gehören immer dazu.
4. Verlasse nie markierte Wege!
5. Beachte das Wetter! Kehre um, wenn Nebel aufzieht oder Gipfel sich in Wolken zu hüllen beginnen.
6. Unternimm keine Tour, wenn der Hüttenwirt dir davon abrät.
7. Bitte: Laß geschützte Pflanzen stehen. Sie sind für alle da.

3

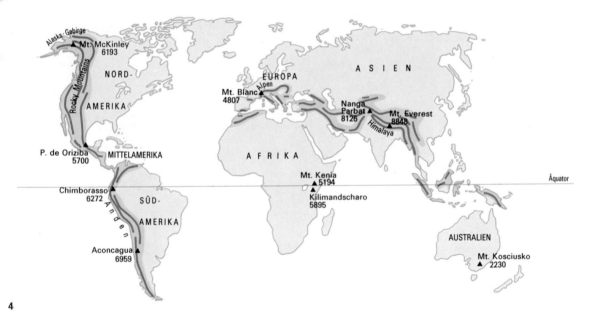

4

2 Foto (2) zeigt drei Höhenstufen und zwei Grenzen in den Alpen. Ordne den Ziffern die Begriffe zu: Schneestufe, Nadelwaldstufe, Mattenstufe, Baumgrenze, Schneegrenze.

3 Familie Eggert plant im Sommer eine Bergwanderung zu einer Hütte in 2500 m Höhe. Sie haben folgende Sachen in den Rucksack eingepackt: Pullover, Handschuhe, Wollmützen, Kompaß, Reiseapotheke, Proviant für einen Tag, Taschenlampe, Taschenmesser, Schreibzeug, Notizblock.

a) Hat die Familie an alles gedacht?

b) Sind überflüssige Dinge dabei?

Mittelgebirge
Gebirge mit Erhebungen bis etwa 2000 m Höhe, geprägt durch abgerundete Formen

Hochgebirge
Bis über die Waldgrenze aufragendes Gebirge mit steilen Hängen und großen Höhenunterschieden

6

Dorf im Altiplano, Bolivien

5

4 Wie hoch liegen dein Schulort und der höchste Berg in deiner Nähe?

5 Vergleiche anhand der Zeichnung (6) Mittelgebirge und Hochgebirge miteinander.

6 Suche im Atlas

a) den Montblanc,

b) den Mont Everest.

Zwischen welchen Staaten liegen sie jeweils?

7 Beschreibe das Foto (5) aus den Anden in 4000 m Höhe. Vergleiche mit den Höhenstufen in den Alpen.

Wir in de

Unsere Umwelt ist sehr vielfältig. Täglich nutzen und gestalten wir sie. Wir gefährden aber die natürlichen Lebensgrundlagen, wenn wir Boden, Wasser, Luft und Vegetation übernutzen und schädigen.

Umwelt

Wie unterschiedlich die Aktivitäten der Menschen sind, zeigen dir die Abbildungen. Aber welche Veränderungen in unserer Umwelt sind damit verbunden? Und wie können wir behutsamer mit ihr umgehen?

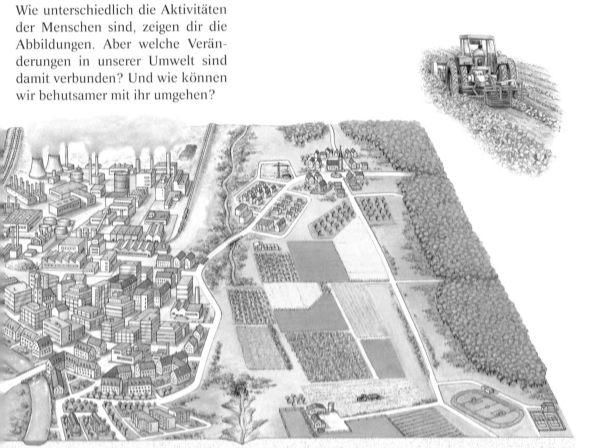

Wir erleben Natur

„Zip-zip – tüh-wi-wi – tüh-wi-wi – zilipp-zilipp …" Angespannt lauschen wir diesen Lauten, die aus dem Waldsaum zu uns dringen. Mit Ferngläsern versuchen wir, die Urheber dieses Gezwitschers ausfindig zu machen. Ein solches Gewirr an Vogelstimmen haben wir auf unserer Entdeckertour durch Wald, Felder und Wiesen nicht erwartet. Herr Morsch, unser Lehrer und Experte für Vogelstimmen, meint: „In der Nähe muß ein Bach sein, denn sonst wäre die Stimme der Bachstelze nicht zu vernehmen." Und tatsächlich ist der Bach nicht weit entfernt. Unterwegs treffen wir Forstrat Achtstetter. Er zeigt uns an einem Baum Höhlen, die Spechte herausgemeißelt haben. Danach ein Spiel: Wer erkennt die Bäume mit verbundenen Augen? So staunen wir immer wieder, was wir im Wald hören, fühlen, beobachten und riechen können.
(Aus dem Erlebnisbericht von Anna Simon, Klasse 5 b)

1

3
Schüler erkunden den Wald

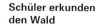

4

2
Wiesenlandschaft
5
Heckenlandschaft

Viele Menschen können über ähnliche Erlebnisse berichten. Denn die Natur ist heute immer noch unglaublich vielseitig, aber weiterhin Gefahren ausgesetzt. Der Mensch verändert seit jeher die natürliche Landschaft, um leben und wohnen zu können. Im Laufe von Jahrhunderten hat er in Mitteleuropa aus wildwuchernden Wäldern **Kulturlandschaften** gemacht. Er schuf dabei ungewollt neue Lebensräume mit ganz speziellen Tier- und Pflanzenarten: Heckenlandschaften, Wiesen, Streuobstwiesen und andere mehr.

2

5

166

Ständig verändert der Mensch die Landschaft, zum Beispiel durch:
- weiterhin wachsenden Flächenverbrauch für Siedlungen und Verkehr;
- Straßen, die Flächen zerschneiden;
- Abbau von Bodenschätzen, zum Beispiel Braunkohle, Sand u. a.;
- Trockenlegen von Feuchtgebieten;
- Begradigen von Bächen;
- intensive Landwirtschaft auf riesigen Feldern;
- Schadstoffeinträge in Boden, Wasser und andere Eingriffe.

So bleibt die **Naturlandschaft** weiterhin gefährdet. Denn die Naturgüter Boden, Wasser, Luft sowie die Tier- und Pflanzenwelt bilden den **Naturhaushalt** und sind wechselseitig voneinander abhängig. Wird eines davon geschädigt, werden meistens auch die anderen in Mitleidenschaft gezogen. Die Vielfalt der Pflanzen- und Tierwelt in unserer Kulturlandschaft muß erhalten bleiben. Die natürlichen Lebensräume dürfen nicht weiter eingeengt oder vernichtet werden. Auch eure Schulklasse kann im **Naturschutz** tätig werden. Übernehmt

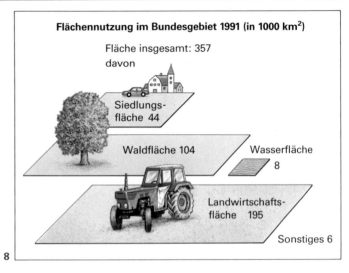

Flächennutzung im Bundesgebiet 1991 (in 1000 km²)

Fläche insgesamt: 357
davon

Siedlungsfläche 44

Waldfläche 104

Wasserfläche 8

Landwirtschaftsfläche 195

Sonstiges 6

8

9

die Patenschaft über einen Bach, eine Hecke, ein Waldstück oder über Straßenbäume. Ihr zeigt damit Verantwortungsbewußtsein. Gestaltet eine Ausstellung und informiert eure Mitschüler darüber.

Naturschutzgebiet
von
zentraler
Bedeutung
Ostufer der Müritz
Der Rat des Bezirkes

Naturschutzgebiete in Deutschland: Hier darf die Natur weder gestört noch verändert werden. Auch das Abpflücken von Pflanzen ist verboten. In den größeren Nationalparks gelten ebenso strenge Vorschriften. Weitere Schutzgebiete: Biosphärenreservate, Landschaftsschutzgebiete, Naturparks.
Naturschutzgebiete in Deutschland:
    Anzahl: 4870
    Fläche: 6270 km2

10

6

7

1 Schildere eigene Naturerlebnisse.
2 Vergleiche die Fotos (6) und (7). Wie sehen die Bäche in deiner Umgebung aus?
3 Wie wird die Fläche in Deutschland genutzt? Abbildung (8).
4 Wo gibt es Naturschutzgebiete in der Nähe eurer Schule?
5 Wie kannst du zum Naturschutz beitragen? Mache Vorschläge.

2

Wir untersuchen unsere Heimatlandschaft

Auf einer Exkursion könnt ihr euer Heimatgebiet genauer kennenlernen. Was dabei alles untersucht werden kann, und wie sich die Ergebnisse darstellen lassen, erfahrt ihr auf dieser Seite. Wählt einfach aus oder entwickelt eigene Ideen.

Auch in eurem Gebiet hat der Mensch die Landschaft verändert. Beobachtet sie aufmerksam, wenn ihr Veränderungen erkennen wollt.

1 Im Foto (2) seht ihr einen Landschaftsausschnitt. Stellt euch vor, ihr steht am Standort des Fotografen. Wer genau beobachtet, kann viel entdecken.
a) Beschreibt die Merkmale des Reliefs.
b) Welche Nutzungen durch den Menschen könnt ihr erkennen?

2 Die Skizze (4) wurde von Silvia gezeichnet. Sie hat die Beobachtungen vereinfacht festgehalten.
a) Überlegt, ob Silvia alles erfaßt hat.
b) Was hättet ihr anders gezeichnet?
c) Fertigt eine solche Skizze auf einer Exkursion oder einem Unterrichtsgang in eurem Heimatgebiet an.

1
Checkliste zur Vorbereitung der Exkursion für Schüler
- wetterfeste Kleidung
- festes Schuhwerk
- Schreibzeug: Bleistifte und Buntstifte
- Schreibunterlage
- evtl. Fotoapparat
- Verpflegung
- Stadtplan oder Wanderkarte
- Erkundungsaufgaben überlegen
- festlegen, wer welche Aufgaben bearbeitet

3

Was ihr in eurer Heimatlandschaft untersuchen könnt:
- natürliche Bedingungen, zum Beispiel Oberflächengestalt (Relief), Gewässer oder Böden;
- Nutzung und Veränderung der Landschaft durch den Menschen, zum Beispiel durch Industrie und Landwirtschaft, Verkehr, Freizeitverhalten oder Wohnbauten;

- Umweltprobleme, die sich aus der Nutzung ergeben, zum Beispiel Gewässer- oder Luftverschmutzung, Lärmbelastung oder Müllprobleme;
- ältere Karten oder Fotos mit dem heutigen Landschaftsbild vergleichen – oder aber einen Industriebetrieb, Landwirtschaftsbetrieb oder Supermarkt erkunden.

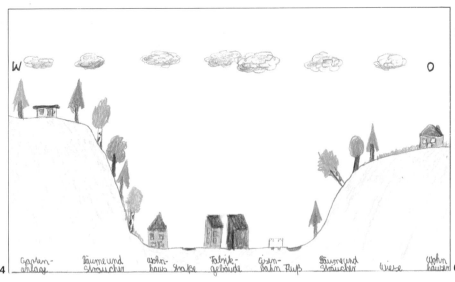

Silvia mit
selbstgebastelter
Schreibunterlage

4 | Garten-anlage | Bäume und Sträucher | Wohn-haus Straße | Fabrik-gebäude | Eisen-bahn Fluß | Bäume und Sträucher | Wiese | Wohn häuser | 6

Damit Beobachtungen nicht vergessen werden, später anderen mitgeteilt oder zum Vergleich herangezogen werden können, solltet ihr diese festhalten und darstellen. Dies erleichtert später auch die besonders wichtige Auswertung und Erklärung. Das Beispiel zeigt euch, wie vielfältig Menschen die Landschaft nutzen. Auf engstem Raum werden Bereiche zum Wohnen, Erholen, Produzieren und Versorgen oder als Verkehrswege genutzt. Dabei wird die Talsohle am stärksten beansprucht. Die Hänge sind so steil, daß ihre Nutzung kaum möglich ist. Bei der Auswertung könnt ihr auch über das Ausmaß der Veränderung der Natur diskutieren. Vielleicht erkennt ihr auch Probleme, die sich aus der Nutzung ergeben. Überlegt, wie die Landschaft früher ausgesehen haben könnte.

Bereitet eure Exkursion auf jeden Fall gründlich vor. Die Checkliste (1) auf der Randspalte hilft euch dabei.

Erkundung eines Betriebes	
Erkundungsaufgabe	**Darstellung der Ergebnisse**
Wie heißt der Betrieb?	
Bestimme die Lage des Betriebes innerhalb deines Heimatgebietes	Lagebeschreibung oder Kartenskizze
Seit wann besteht der Betrieb?	Text
Warum wurde er hier gegründet?	Text
Wie viele Mitarbeiter sind in dem Betrieb beschäftigt? Wie hoch ist der Anteil an Frauen, Arbeitern und Angestellten?	Text oder graphische Darstellung (zum Beispiel Säulendiagramm)
Welche Produkte stellt der Betrieb her?	Schema, Tabelle oder Text (Fotos)
Welche Rohstoffe werden dazu benötigt? Woher kommen sie?	Schema, Tabelle oder Text (Fotos), Skizze
Wo liegen die wichtigsten Absatzmärkte für die Produkte?	Kartenskizze
Wie ist der Betrieb mit dem öffentlichen Verkehrsnetz verbunden?	Kartenskizze oder Text
In welcher Weise wird die Umwelt durch den Betrieb belastet?	Text, Schema, Fotos
Welche Umweltschutzmaßnahmen hat der Betrieb durchgeführt?	Text, Fotos, Karten
Skizziere den Grundriß des Betriebsgeländes. Trage ein, wie die einzelnen Flächen genutzt werden.	Kartenskizze zur Flächennutzung, Fotos

5

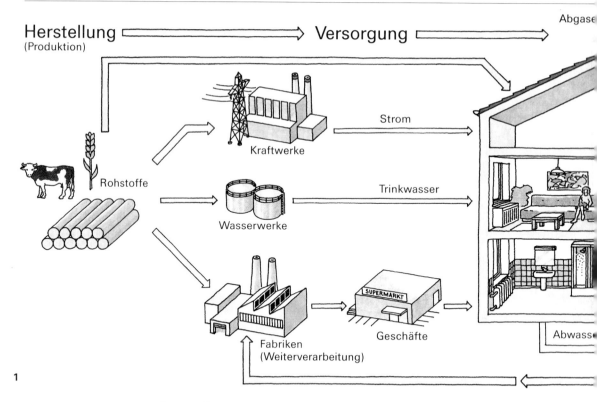

1

Wir erkennen Zusammenhänge

Damit wir leben und wohnen können, benötigen wir viele Güter. So versorgen wir uns mit Rohstoffen und Fertigwaren, mit Nahrungsmitteln und Energie. Riesige Mengen an Gütern werden täglich hergestellt und mit Schiffen, Flugzeugen, Eisenbahnen und Lastwagen transportiert, damit die Regale in den Geschäften immer gefüllt sind. Wasser und Strom gelangen in die Wohnung, ohne daß wir es bemerken. Sowohl bei der Herstellung von Gütern als auch bei der Versorgung mit Waren wird die Umwelt noch unnötig belastet. Hier gilt es, zukünftig umweltschonender zu arbeiten.

Benötigen wir aber so viele Güter? Vieles kaufen wir, weil es uns einfach gefällt. Die Werbung weckt immer neue Konsumwünsche. An die Folgen denken wir dabei kaum. Denn fast alles, was wir verbrauchen, wird früher oder später Abfall. So verursacht jeder von uns zu

Deshalb **vermeide Abfall**, indem du folgendes beachtest:
- Gehe mit der Einkaufstasche zum Einkauf.
- Kaufe nur noch, was nötig ist.
- Achte bei Geräten darauf, ob sie eine lange Lebensdauer haben.
- Verwende keine Produkte mit überflüssiger Verpackung.
- Laß Einwegverpackungen möglichst links liegen, und bevorzuge Mehrwegflaschen für Getränke.
- Verbrauche frisches Obst und Gemüse. Meide Konserven.

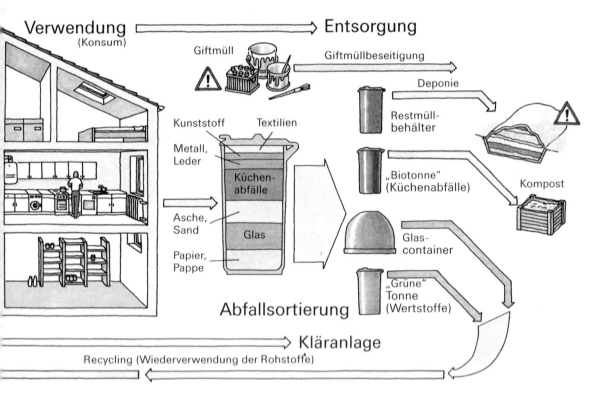

Verwendung (Konsum) → Entsorgung

Giftmüll — Giftmüllbeseitigung

Deponie

Kunststoff — Textilien

Metall, Leder

Restmüll-behälter

Küchen-abfälle

„Biotonne" (Küchenabfälle)

Asche, Sand

Kompost

Glas

Glas-container

Papier, Pappe

„Grüne" Tonne (Wertstoffe)

Abfallsortierung

Kläranlage

Recycling (Wiederverwendung der Rohstoffe)

Hause pro Jahr etwa 350 kg Abfall. Diesen Abfallberg müssen wir verringern. Dennoch, ganz ohne Abfall geht es nicht. In jedem Haushalt fallen Küchenabfälle, Dosen, Glasbehälter an. Dieser Abfall enthält noch viele wertvolle Stoffe, die wiederverwertet, recycelt, werden können.

Gerade die **Wertstoffe** sollten in den Kreislauf zurückgeführt werden. So kann man aus Altpapier Umweltpapier, Packpapier oder Kartons herstellen. Aus Küchenabfällen wird durch Kompostierung wertvoller Dünger. Solche Maßnahmen schonen gleichzeitig die Mülldeponien.

Deshalb **sortiere den Abfall** nach
• Wertstoffen:
Papier, Glas, Metalldosen, Kunststoffbehälter und Kleidungsstoffe.
• Kompostierbaren Stoffen:
Lebensmittelabfälle, Gartenabfälle.
• Problemmüll:
z. B. Spezialbatterien, Spraydosen, Lackreste, Reste von starken Reinigungsmitteln.
• Restmüll:
z. B. Sand, Staub, verschmutztes Papier, Papierwindeln, Milch- und Safttüten.

1 Wie kannst du dich beim Einkaufen umweltfreundlich verhalten?
2 Welche Abfälle sind Wertstoffe, die wiederverwertet werden können?
3 Bringe die Stationen des wirtschaftlichen Kreislaufs für Zeitungspapier in die richtige Reihenfolge: Zeitungsdruckerei, Papierfabrik, Papierabfälle, Lesen der Zeitung, Aufarbeiten des Altpapiers, Kiosk, Rohstoffe. Fertige eine Skizze an.

1 Wir erleben die Umwelt

Die Landschaften unterscheiden sich in ihrem Aussehen voneinander. Das Erscheinungsbild einer Landschaft ist nicht nur das Ergebnis der natürlichen Entwicklung, sondern der Mensch hat durch seine vielfältigen Tätigkeiten Boden, Vegetation, Flußläufe, Täler, Berge und vieles mehr verändert.

a) Betrachte die Landschaftsskizze und überlege: Wo hat der Mensch die Natur nicht verändert, wo etwas verändert, wo stark verändert, und wo hat der Mensch die Natur vernichtet?
b) Zeichne auch einen Landschaftsausschnitt von deinem Heimatraum. Bewerte die einzelnen Landschaftsteile und male diese mit den Farben der Legende aus.

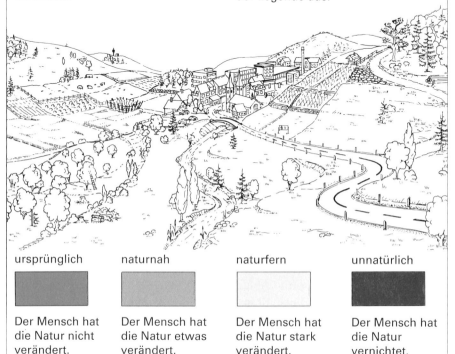

ursprünglich	naturnah	naturfern	unnatürlich
Der Mensch hat die Natur nicht verändert.	Der Mensch hat die Natur etwas verändert.	Der Mensch hat die Natur stark verändert.	Der Mensch hat die Natur vernichtet.

2 Wir untersuchen die Umwelt

Wie die Klasse 5b aus Ettlingen könnt auch ihr eine Umweltmeßstation bauen. Manches scheint recht schwierig. Für die Bioindikatorenstation werden Flechten auf runden Rindenstücken an einer Holztafel befestigt. Denn Flechten reagieren sehr empfindlich auf Luftschadstoffe. Mit einer solchen Station lassen sich die Lufttemperatur, die Bodentemperatur, die Niederschlagsmenge, die Luftfeuchtigkeit, die Windrichtung, der „saure Regen", Staub und andere Luftbelastungen bestimmen.

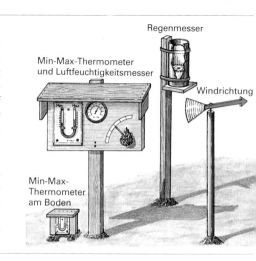

Regenmesser

Min-Max-Thermometer und Luftfeuchtigkeitsmesser

Windrichtung

Min-Max-Thermometer am Boden

3 Wir handeln konkret

Unser Schulhof wurde auf Bitten der Schüler, Eltern und Lehrer umgestaltet. Die Arbeiter der Stadt haben die betonierten Flächen aufgebrochen und wasserdurchlässige Porensteine verlegt. Dazwischen wurden Inseln freigelassen, in die sie größere Bäume und Sträucher gesetzt haben. Dadurch werden das Kleinklima auf dem Schulhof und der Wasserhaushalt der Hoffläche verbessert. Einige Pflanzeninseln können wir selbst mit Sträuchern, Bodendeckern und mit Blumen bepflanzen.

Versiegelte Fläche   **Entsiegelte Fläche**

bei Sonne

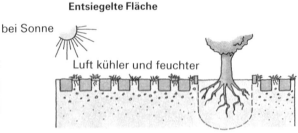

ʃ ʃ ʃ wärmere und trockenere Luft   Luft kühler und feuchter

bei Regen

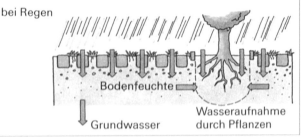

Regenwasser fließt in den Kanal, von dort in die Kläranlage oder in den Fluß

Bodenfeuchte

Grundwasser   Wasseraufnahme durch Pflanzen

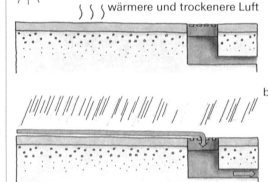

meßgeräte

Bioindikatorenstation

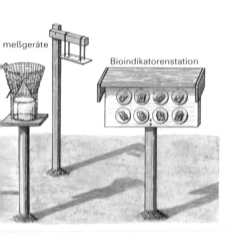

Damit ihr Vergleiche anstellen könnt, solltet ihr drei Meßstationen an folgenden Standorten aufstellen: auf dem Schulgelände, neben einer Hauptverkehrsstraße und in einem Park. Für die Interpretation der Meßergebnisse müßt ihr die Umgebung der Meßstandorte berücksichtigen: den Bewuchs mit Bäumen, Sträuchern oder Gräsern; Gebäude, Straßen oder große betonierte Plätze; Luftverunreinigungen durch Verkehr, Hausbrand usw. Vergeßt nicht, den Meßdienst zu organisieren, da die Daten täglich abgelesen werden müssen.

Grundbegriffe
Abfallvermeidung
Flächen-
    entsiegelung
Flächen-
    versiegelung
Kulturlandschaft
Naturhaushalt
Naturlandschaft
Naturschutz
Naturschutzgebiet
Recycling
Umwelt
Wertstoff

Kleine Deutschland-kunde

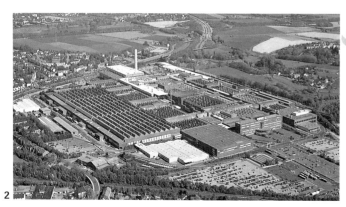

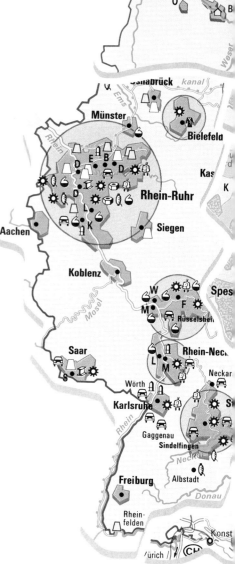

Zuckerrüben wachsen in den Börden und Sonderkulturen am Oberrhein. Das weißt du inzwischen. Aber wo werden sie noch angebaut? Kennst du auch Standorte, wo Autos und Maschinen hergestellt werden? Fünf thematische Karten geben dir dazu Hinweise. Erkennst du bereits, welches Foto zu dem jeweiligen Kartenausschnitt paßt?

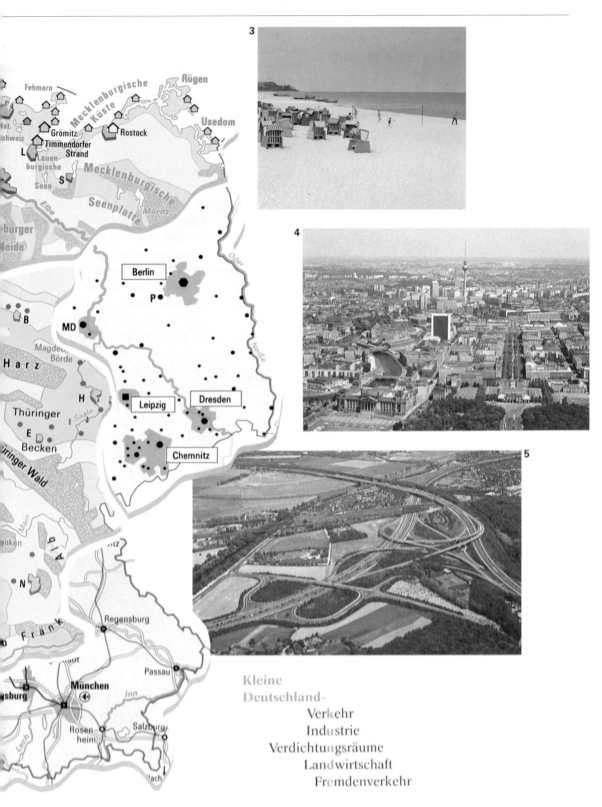

3

4

5

Fehmarn
Rügen
Mecklenburgische Küste
Usedom
st.
chweiz
Grömitz
Rostock
Timmendorfer Strand
L
Lauen-
burgische
Seen
S
Mecklenburgische
Seenplatte
Müritz
burger
Heide
Elbe
Oder
Berlin
P
B
MD
Neiße
Magdeb.
Börde
Harz
H
Thüringer
Saale
E
Becken
Leipzig
Dresden
ringer Wald
Chemnitz
Main
Alb
N
Fränk
Regensburg
Passau
Inn
München
sburg
Rosen-
heim
Salzburg
Lech
Isach

Kleine
Deutschland-
Verkehr
Industrie
Verdichtungsräume
Landwirtschaft
Fremdenverkehr

Überwiegende Bodennutzung

Ackerbau auf guten Böden

Ackerbau auf geringeren Böden

Grünland (Wiesen und Weiden)

Wald

||| Weinbau

•• Obst- und Gemüseanbau

große Siedlungsflächen

Nord-see

Ostsee

DK

NL

PL

B

L

F

CH

A

CZ

Marsch
Eiderstedt
Geest
Marsch
Marsch
Altes Land
K
L
H
S
R
Uckermark
Lüneburger Heide
O
B
O
B
H
B
M
Havelland
BERLIN
P
Fläming
Emsland
Rhein
Geest
Weser
Ems
M
Ruhrgebiet
E D
D
Soester Börde
Warburger Börde
Rothaar-
Sauerland
gebirge
K
Harz
Magdeburger Börde
H
L
I D
Ruhr
Jülicher Börde
A K
Zülpicher Börde
D
Werra
Thüringer Wald
Thüringer Becken
E
C
Erzgebirge
Eifel
Westerwald
Wetterau
W F
Spessart
Rhön
Fulda
Mosel
Mosel
Hunsrück
Rheinhessen
S
Rheinpfalz
Berg-straße
Odenwald
M
Kraich-gau
K
Württemberg
Franken
W
Main
N
Fränkische Alb
R
Dungau
Bayerischer Wald
Rhein
Baden
Neckar
Schwarzwald
Schwäbische Alb
Donau
A
M
Kaiser-stuhl
Oberrheinische Tiefebene
Alpenvorland
Lech
Inn
Donau
Bodensee
A l p e n
Elbe
Oder
Neiße
Saale
Berg
S

0   100 km

1

176

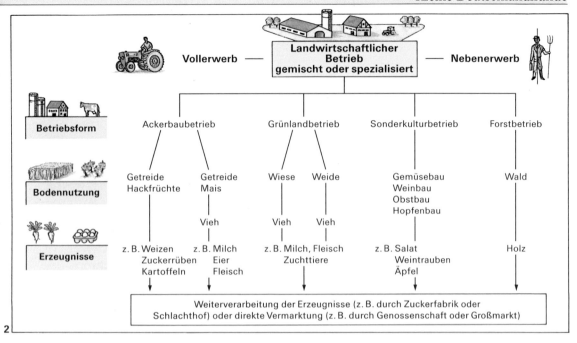

		Landwirtschaftlicher Betrieb gemischt oder spezialisiert			
	Vollerwerb		Nebenerwerb		

Betriebsform: Ackerbaubetrieb — Grünlandbetrieb — Sonderkulturbetrieb — Forstbetrieb

Bodennutzung:
Getreide Hackfrüchte / Getreide Mais | Wiese / Weide | Gemüsebau Weinbau Obstbau Hopfenbau | Wald

Vieh — Vieh Vieh

Erzeugnisse:
z. B. Weizen Zuckerrüben Kartoffeln | z. B. Milch Eier Fleisch | z. B. Milch, Fleisch Zuchttiere | z. B. Salat Weintrauben Äpfel | Holz

Weiterverarbeitung der Erzeugnisse (z. B. durch Zuckerfabrik oder Schlachthof) oder direkte Vermarktung (z. B. durch Genossenschaft oder Großmarkt)

2

Landwirtschaft

Die Landwirtschaft nutzt etwa die halbe Fläche Deutschlands, und zwar sehr vielseitig. Das hat seine Gründe:

Für den **Ackerbau** sind große ebene Flächen und fruchtbare Böden günstig.

Das **Grünland,** das sind Wiesen und Weiden, findet sich dagegen auf geringeren Böden bei eher kühlfeuchten Klimaverhältnissen.

Die **Sonderkulturen** stellen besondere Ansprüche. So benötigt der Wein zum Beispiel viel Wärme. Gemüse wird häufig in der Nähe großer Städte angebaut, um Kunden stets frische Ware liefern zu können.

1 Arbeite mit der Karte (1):
a) Nenne fünf Gebiete mit besonders gutem Ackerland.
b) Nenne drei Grünlandgebiete.
c) In welchen Gebieten konzentriert sich der Anbau von Sonderkulturen?

d) Ein Drittel Deutschlands ist mit Wald bedeckt. Erkläre, warum große Waldgebiete in bestimmten Gebieten Deutschlands vorhanden sind.

2 Arbeite mit dem Schema (2):
a) Ordne den Betrieb Hansen ein.

Arbeitskräfte: Herr und Frau Hansen
Fläche: 44 ha Grünland
Viehbestand: 60 Mastbullen, 40 Schafe

---

b) Ordne die Betriebe APRO (Seite 80) und Maier (Seite 157) ein.
c) Zu welchen Betriebsformen gehören folgende Einrichtungen und Erzeugnisse: Gerste, Erdbeeren, Gewächshaus, Mähdrescher, Heuwender, Spinat, Raps?
d) Warum stehen bei „Erzeugnissen" nicht Zucker, Wurst und Joghurt?

3 a) Beschreibe den Weg des Gemüses vom Acker bis auf den Tisch (3).
b) Warum wird Gemüse häufig in der Nähe von Großstädten angebaut?

4 Was ist gemeint? Ein Zusammenschluß von Landwirten, Winzern oder Gemüsebauern, um die Erzeugung und/oder den Verkauf ihrer Produkte zu fördern.

Vom Ackerland auf den Tisch

Ernte — 16⁰⁰

Kühlhaus der Genossenschaft — 17⁰⁰

Verkauf an Händler — 6⁰⁰

Laden — 8⁰⁰

Verkauf — 10⁰⁰

3   Tisch — 12⁰⁰

177

Nordsee

Ostsee

DK

Heide
Kiel
Lübeck
Wismar
Rostock
Cuxhaven
Wilhelms-
haven
Nord-
Ostsee-Kanal
Stade
Bremer-
haven
Emden
Hamburg
Schwedt
Bremen
Lingen
Nordhorn
Mittelland-kanal
Hannover
Wolfsburg
Berlin
Hennigsdorf
Osnabrück
Braun-
schweig
Brandenburg
Ludwigsfelde
Münster
Magdeburg
Eisenhütten-stadt
Bielefeld
Wolfen
Bitterfeld
Kassel
Halle
Leipzig
Dresden
Hettstedt
Schkopau
Leuna
Böhlen
Freiberg
Erfurt
Baunatal
Eisenach
Jena
Chemnitz
Aachen
Siegen
Plauen
B
Hof
CZ
Koblenz
Rhein-Main
Schweinfurt
TSCHECHISCHE
REPUBLIK
W
M
F
Erlangen
Nürnberg
Sulzbach-Rosenbg.
Rüsselsheim
L
Fürth
Saar
Rhein-Neckar
M
L
Wörth
Neckarsulm
Main-
Donau-
Kanal
Karlsruhe
Stuttgart
Oberkochen
Ingolstadt
Neustadt
Gaggenau
Vohburg
Dingolfing
Sindelfingen
Donau
Freiburg
Ulm
Augsburg
Töging
Albstadt
München
Burg-
hausen
Rhein-
felden
Singen
Friedrichs-
hafen
CH

schiffbare
Fluß

Großes
Industrie-
gebiet

Hannover

Verdichtu
raum

Wichtige Industriestandorte

Eisen- und Stahlindustrie (Hüttenwerke)

Verhüttung anderer Metalle

Schwerindustrie

Maschinenbau

Automobilindustrie

Schiffbau

Luft- und Raumfahrt-technik

Metallwaren (z. B. Werkzeuge)

Elektrotechnik

Feinmechanik, Optik

Nahrungsmittelindustrie

Bekleidungsindustrie

Textilindustrie

Chemische Industrie

Erdölraffinerie

1

Industrie

Made in Germany: Deutsche Industrieprodukte sind in der ganzen Welt bekannt. Obwohl Deutschland arm an Rohstoffen ist, konnte es ein führendes Industrieland werden. Über acht Millionen Menschen arbeiten bei uns in der Industrie. Sie konzentriert sich in wenigen Gebieten, die dicht besiedelt sind. Für die Entstehung einiger Industriegebiete waren Rohstoffe wichtig, wie zum Beispiel die Steinkohle für das Ruhrgebiet. Für andere, zum Beispiel die Region Stuttgart, waren Arbeitskräfte oder wie in Berlin die Nähe vieler Käufer wichtig.

1 Die thematische Karte (1) der Industriegebiete in Deutschland bietet eine Fülle an Informationen.

a) Damit du die Verteilung einzelner Industriezweige besser überblickst, ist es gut, diese für sich zu betrachten oder herauszuzeichnen. Erläutere die Karte (2).

b) Lege Transparentpapier über die Karte (1), und zeichne in gleicher Weise Karten für die Autoindustrie und den Maschinenbau. Wo liegen jeweils die wichtigsten Standorte?

2 In welchen Industriezweigen werden die folgenden Produkte hergestellt: Hemd, Geländewagen, Werkzeugmaschine, Farbe, Roboter, Kleid, Schokolade, Fernsehgerät, Vorhangstoffe?

3 Welche Unterschiede gibt es zwischen den Industriegebieten? Vergleiche

a) Berlin mit dem Saargebiet,

b) das Rhein-Main-Gebiet mit dem Rhein-Neckar-Gebiet,

c) Halle–Leipzig mit Stuttgart,

d) das Ruhrgebiet mit Chemnitz.

Große Chemiewerke in Deutschland

Eine komplizierte Karte wird einfacher, wenn man nur Teile daraus betrachtet

2 🝆 Standort der Chemischen Industrie

Zahlen als Diagramm

Zahlen sind nicht anschaulich. Man kann sie aber „zum Sprechen bringen", indem man mit anderen Zahlen vergleicht und davon eine Zeichnung anfertigt. In einem **Säulendiagramm** zum Beispiel sind die Aussagen mit einem Blick zu erfassen.

Stellt die in der Tabelle aufgeführten Beschäftigtenzahlen dar. Ihr braucht dazu Millimeterpapier. Die Landwirtschaft ist als Beispiel vorgegeben. Zeichnet nun die Diagramme für die Industrie und die Dienstleistungen.

Beschäftigte in Deutschland

Landwirtschaft	1 585 552
Industrie und Gewerbe	14 466 863
Dienstleistungen	18 720 304
gesamt	34 772 719

3

Beschäftigte in Deutschland 1991

14 000 000
13 000 000
12 000 000
11 000 000
10 000 000
9 000 000
8 000 000
7 000 000
6 000 000
5 000 000
4 000 000
3 000 000
2 000 000
1 000 000

Landwirtschaft   Industrie

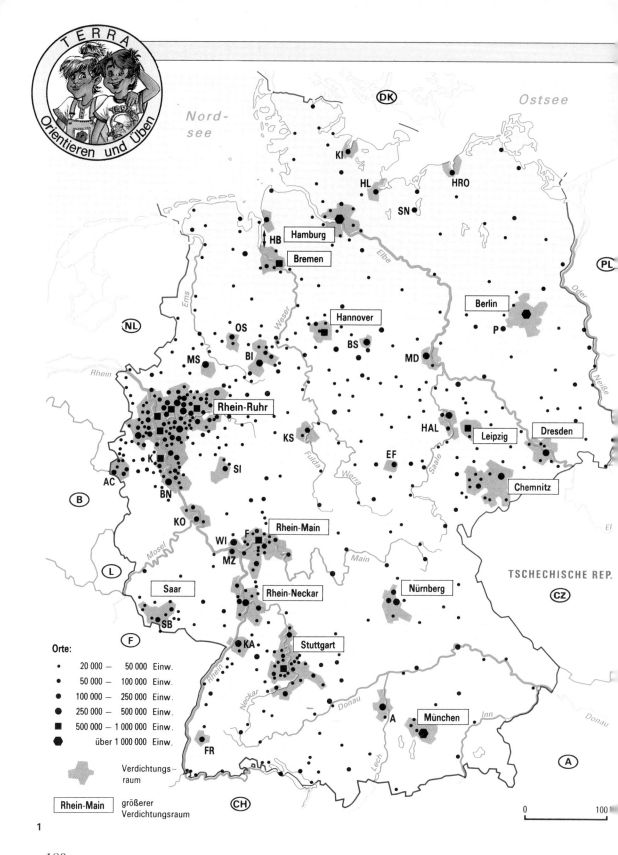

TERRA
Orientieren und Üben

Orte:

·	20 000 – 50 000 Einw.
•	50 000 – 100 000 Einw.
●	100 000 – 250 000 Einw.
⬤	250 000 – 500 000 Einw.
■	500 000 – 1 000 000 Einw.
⬢	über 1 000 000 Einw.

Verdichtungs–raum

Rhein-Main größerer Verdichtungsraum

Nord-see

Ostsee

DK
HRO
KI
HL
SN
Hamburg
HB
Bremen
Elbe
PL
Oder
Berlin
Hannover
P
OS
BI
BS
MD
MS
Rhein
Rhein-Ruhr
KS
HAL
Leipzig
Dresden
Neiße
SI
EF
Chemnitz
AC
BN
Fulda
Werra
Saale
B
KO
Mosel
WI F
Rhein-Main
MZ
L
Main
TSCHECHISCHE REP.
Saar
Rhein-Neckar
Nürnberg
CZ
SB
F
KA
Stuttgart
Rhein
Neckar
Donau
Donau
A
München
Inn
Lech
FR
CH
Ems
Weser
NL

0   100

1

Verdichtungsräume

Deutschland hat etwa 80 Millionen Einwohner, die aber nicht gleichmäßig über das Land verteilt sind. Im Norddeutschen Tiefland, in den Mittelgebirgen und im Alpenvorland gibt es weite, dünnbesiedelte Gebiete. Die Hälfte der Bevölkerung lebt in Gebieten, in denen die Städte dicht beieinander liegen. Dort haben sich **Verdichtungsräume,** man sagt auch Ballungsräume, entwickelt. Die meisten Verdichtungsräume konzentrieren sich auf zwei schmale Bänder. Ein Band folgt der Neckar-Rhein-Schiene. Das andere Band zieht sich am Nordrand der Mittelgebirge von Aachen bis Dresden.

1 Ein Blick auf die Karte (1):
a) Nenne die wichtigsten Städte in den Verdichtungsräumen Rhein-Ruhr, Rhein-Main und Rhein-Neckar.
b) Es gibt zwei Arten von Verdichtungsräumen. Worin unterscheiden sie sich? Nenne Beispiele.
2 Nutze die Industriekarte Seite 178: Verdichtungsräume sind immer auch Industriezentren. Welche Verdichtungsräume sind zugleich Schwerpunkte der Eisen- und Stahlindustrie, der chemischen Industrie und der Automobilindustrie?
3 Wie der Raum München (2) haben die meisten Verdichtungsräume nichts von ihrer Anziehungskraft verloren.
a) Nenne Vor- und Nachteile, in einer Großstadt wie München zu leben.
b) Erkläre am Beispiel Münchens die Begriffe „Stadt", „Verdichtungsraum" und „Umland".
c) Für die Verdichtungsräume spielen die öffentlichen Nahverkehrsmittel wie U-Bahn, S-Bahn, Bus eine wichtige Rolle. Erkläre.

München

Das Leben im Verdichtungsraum München

arbeiten	• große Krankenhäuser und Kliniken, gute Berufschancen im Dienstleistungsbereich
	• Elektronikzentrum der Bundesrepublik, 400 Firmen für Microchips und andere elektronische Bauteile, sehr gute Berufschancen für Computer-Spezialisten
	• für Jugendliche: großes Angebot an Ausbildungsplätzen in der Industrie und in Büros
sich bilden	• alle Arten von Schulen und Universitäten
einkaufen	• Großkaufhäuser, viele Spezialgeschäfte
Kultur	• viele Theater, Kinos, weltberühmte Museen
wohnen	• sehr teure Mieten, hohe Grundstückspreise
	• viele eintönige Wohnviertel
Verkehr	• täglich weite Wege fahren wie 700 000 andere Berufstätige, Schüler und Studenten
	• Lärm, Luftverschmutzung
sich erholen	• schöne Parks (Englischer Garten, Olympiapark) liegen oft weit vom Wohnort entfernt
	• Wochenendausflüge in die schöne Umgebung beginnen und enden oft im Autostau

Die Region München

0   10   20 km

Moosburg
Freising
Erding
Dachau
Fürstenfeldbruck
Ebersberg
München
Grafing
Landsberg
Starnberg

Stadtgebiet

Verdichtungsraum

Umland
(Region ohne Stadtgebiet)

2

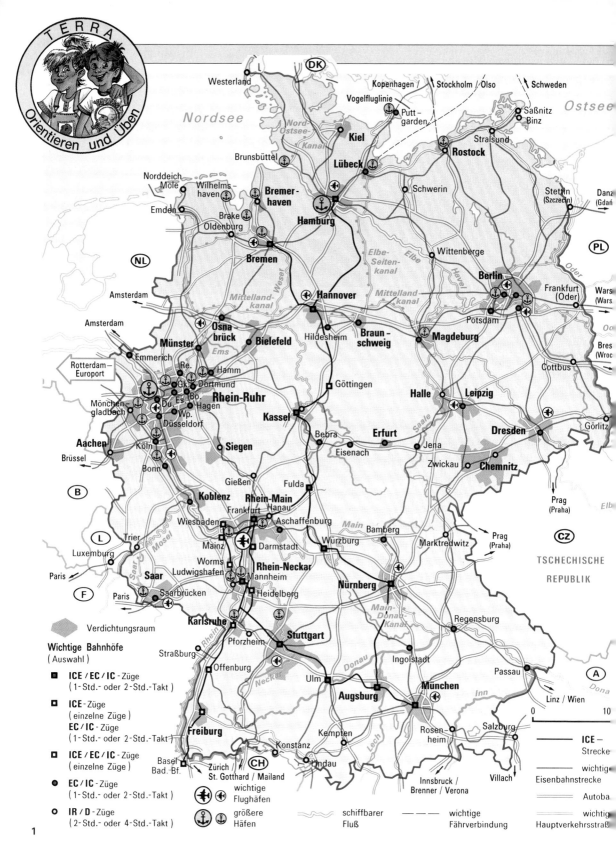

Verkehrswege

Für das gesamte Land ist ein leistungsstarkes **Verkehrsnetz** wichtig. Ohne Straßen, Schienen, Wasserwege und Flughäfen wäre vieles nicht möglich, was uns selbstverständlich erscheint:

- der Besuch von Verwandten und Freunden in anderen Städten,
- der Transport von Gütern aller Art,
- die Fahrt zur Arbeit oder zum Einkaufen in die nächste Stadt,
- Ausflüge oder weite Urlaubsreisen.

Die Hauptverkehrsstrecken von Bahn und Straße orientieren sich im Mittelgebirgsraum hauptsächlich an Tallagen. In den letzten Jahrzehnten sind in den alten Bundesländern vor allem die Nord-Süd-Verbindungen ausgebaut worden. Heute ist der weitere Ausbau der Verkehrswege in den neuen Bundesländern vorrangig. Aber die Verkehrswege verbrauchen immer mehr Landschaft. Und Verkehr bedeutet auch Lärm, Luftverschmutzung und Zerstörung der Landschaft. Ohne Verkehr wäre vieles nicht möglich, aber zuviel Verkehr bringt Probleme.

2

1 Deutschland liegt in der Mitte Europas. Deshalb gibt es viel Durchgangsverkehr, oder Transitverkehr.
a) Beschreibe eine Autobahnstrecke von Nord nach Süd durch Deutschland. Wie lang ist diese Strecke, und wie lange dauert die Fahrt für einen LKW-Fahrer bei 80 km/h Fahrgeschwindigkeit?
b) Beschreibe auch eine Strecke von Ost nach West durch Deutschland.
2 a) Der InterCityExpress (ICE) verkehrt zum Beispiel auf der Strecke München–Hamburg. Findest du mit Hilfe der Anfangsbuchstaben der Stationen die Route? München – A – U – S – M – F – F – K – G – H – Hamburg.
b) Wie heißt der nächste ICE-Bahnhof von deinem Heimatort aus?
3 Welche deutschen Städte sind mit dem Flugzeug zu erreichen?
4 Kapitän Magnusen erhält den Auftrag, eine Ladung Steinkohle aus dem Ruhrgebiet nach Heilbronn zu transportieren. Welchen Wasserweg muß er mit dem Binnenschiff nehmen?
5 Vergleiche die Verkehrsmittel (3): Nenne Vorteile und Nachteile für den Reisenden und für die Umwelt. Erstelle die folgende Tabelle:

	Vorteile	Nachteile
Fahrrad		
Bahn		
Bus		
PKW		

Vergleich der Verkehrsmittel (Bahn =1)					PKW
	Fahrrad	Bahn	Bus	PKW	(3-Wege-Kat)
Flächenbedarf	1,7	1	1,7	16,4	16,4
Energiebedarf	0	1	0,6	2,1	2,1
Luftverschmutzung	0	1	1,9	22,5	3,8
Geschwindigkeit (in km/h)	10–20	60–250	30–100	30–150	30–150
verursachtes Unfallrisiko	0,5	1	2,5	28,8	28,8

3

Länge der Verkehrswege in Deutschland 1990 (in km)
Straßen: 221062
davon
Autobahn: 10672
Eisenbahnlinien: 44118
Binnenwasserstraßen: 4511

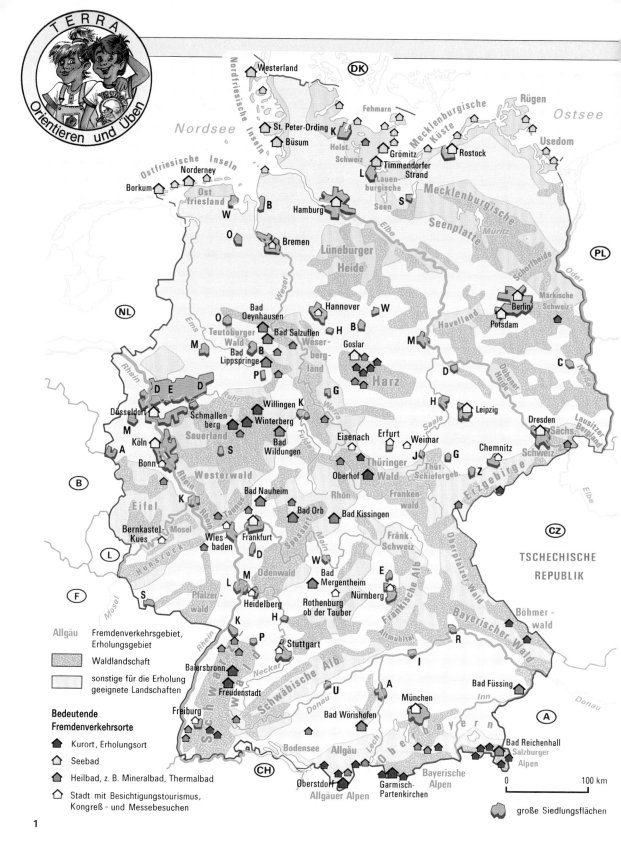

TERRA
Orientieren und Üben

DK
NL
PL
CZ
A
CH
F
L
B

Nordsee
Ostsee

Westerland
St. Peter-Ording K
Büsum
Holst. Schweiz
Grömitz
Timmendorfer Strand
Lauenburgische Seen
Rostock
Fehmarn
Rügen
Usedom
Mecklenburgische Küste
Mecklenburgische Seenplatte
Müritz

Nordfriesische Inseln
Ostfriesische Inseln
Norderney
Borkum
Ostfriesland
W
O
B
Hamburg
Bremen
Lüneburger Heide
S
Elbe
Schorfheide
Oder

Weser
Ems
Rhein
M
Bad Oeynhausen
Teutoburger Wald
Bad Salzuflen
O
B
Bad Lippspringe
P
Hannover
W
H
B
Goslar
Harz
Weserbergland
Berlin
Potsdam
Havelland
Dosse
Märkische Schweiz
M
D
Leipzig
H
C
Neiße
Dübener Heide

D E D
Düsseldorf
M
Köln
A
Bonn
Schmallenberg
Willingen
Winterberg K
Sauerland
S
Bad Wildungen
Ruhr
G
Fulda
Werra
Eisenach
Erfurt
Weimar
Thüringer Wald
Oberhof
Thür. Schiefergeb.
J
G
Chemnitz
Z
Erzgebirge
Dresden
Sächs. Schweiz
Lausitzer Bergland
Elbe
H
Saale

Westerwald
Eifel
K
Bernkastel-Kues
Mosel
Rhein
Taunus
Wiesbaden
Frankfurt
D
Main
Bad Nauheim
Bad Orb
Bad Kissingen
Rhön
Frankenwald
Spessart
Fränk. Schweiz
Oberpfälzer Wald
TSCHECHISCHE REPUBLIK

L
S
Pfälzerwald
Heidelberg
M
L
H
Odenwald
W
Bad Mergentheim
Rothenburg ob der Tauber
Nürnberg
E
Fränkische Alb
Altmühltal
Böhmerwald
Bayerischer Wald

Baiersbronn
Freudenstadt
Freiburg
K
P
Stuttgart
Neckar
Schwäbische Alb
Donau
U
Bad Wörishofen
A
München
Bad Füssing
Inn
Donau
Rhein
Bodensee
Allgäu
Lech
Oberbayern
Oberstdorf
Allgäuer Alpen
Garmisch-Partenkirchen
Bayerische Alpen
Salzburger Alpen
Bad Reichenhall
R
I

Legend

Allgäu — Fremdenverkehrsgebiet, Erholungsgebiet

Waldlandschaft

sonstige für die Erholung geeignete Landschaften

Bedeutende Fremdenverkehrsorte

Kurort, Erholungsort

Seebad

Heilbad, z. B. Mineralbad, Thermalbad

Stadt mit Besichtigungstourismus, Kongreß- und Messebesuchen

0   100 km

große Siedlungsflächen

1

184

Fremdenverkehrs-gebiete

Viele Deutsche machen im Jahr eine längere Urlaubsreise. Beliebt sind die Feriengebiete im Ausland, so in Österreich, Italien, Frankreich und Spanien.

Für alle, die ihre Ferien in Deutschland verbringen, gibt es eine große Auswahl an **Fremdenverkehrsgebieten**. Neben den Küstengebieten von Nordsee und Ostsee und den Alpen locken besonders die Mittelgebirge viele Urlauber an.

Leider wird durch den Massentourismus immer mehr die Umwelt gefährdet. Zukünftig ist ein bewußter Urlaub gefragt, der Rücksicht auf die Umwelt nimmt und die kulturellen Eigenheiten einer Ferienregion achtet.

1 Die Karte (1) zeigt die Fremdenverkehrsgebiete in Deutschland.
a) Nenne für jede Großlandschaft jeweils drei Fremdenverkehrsgebiete: Küste und Tiefland, Mittelgebirge, Alpenvorland und Alpen.
b) Nenne Fremdenverkehrsorte an der Nord- und Ostseeküste.
c) In welcher Großlandschaft liegen die meisten Heilbäder?

2 In einigen Fremdenverkehrsorten gibt es nur eine Sommersaison. Nenne Beispiele, und suche Gründe dafür.

3 In den Zeitungsanzeigen (2) wird um Gäste geworben. Mit welchen Vorteilen werben die Orte an der Küste, im Schwarzwald und in den Alpen?

4 Schneide aus Tageszeitungen und Illustrierten Anzeigen von Fremdenverkehrsorten aus. Klebe sie in dein Heft, und stelle zusammen, wie man in den Ferienorten wohnen kann.

5 Abbildung (3) zeigt eine überbeanspruchte Ferienlandschaft.
a) Was ist mit der Überbeanspruchung gemeint?
b) Erkläre, welche Folgen dies für die Umwelt hat.

6 Welche Reiseziele im Ausland kennst du? Liegen sie in Ländern, die auf der Randspalte genannt sind?

Die beliebtesten Fremdenverkehrsgebiete in Deutschland
Nordseeküste
Schwarzwald
Alpenvorland (Allgäu, Oberbayern)
Alpen
Ostseeküste
Harz
Thüringer Wald
Bayerischer Wald
Bodensee
Erzgebirge
Sächsische Schweiz
Sauerland
Lüneburger Heide

Die beliebtesten Reiseziele der Deutschen im Ausland
Spanien
Österreich
Italien
Frankreich
Griechenland
Dänemark
Türkei
Schweiz

Überbeanspruchte Landschaft durch Massentourismus

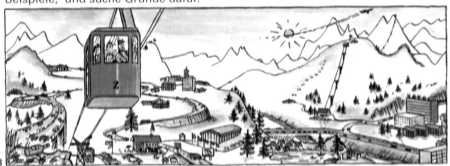

Deutschland in Zahlen

Die Bundesländer der Bundesrepublik Deutschland (1. 1. 1993)

	Fläche	Einwohner	Hauptstadt
Bundesgebiet	356 945 km²	80 980 000	Berlin
Baden-Württemberg	35 751 km²	10 149 000	Stuttgart
Bayern	70 554 km²	11 770 000	München
Berlin	883 km²	3 466 000	Berlin
Brandenburg	29 107 km²	2 549 000	Potsdam
Bremen	404 km²	686 000	Bremen
Hamburg	755 km²	1 689 000	Hamburg
Hessen	21 114 km²	5 923 000	Wiesbaden
Mecklenburg-Vorpommern	23 369 km²	1 865 000	Schwerin
Niedersachsen	47 349 km²	7 576 000	Hannover
Nordrhein-Westfalen	34 070 km²	17 679 000	Düsseldorf
Rheinland-Pfalz	19 849 km²	3 881 000	Mainz
Saarland	2 570 km²	1 084 000	Saarbrücken
Sachsen	18 337 km²	4 641 000	Dresden
Sachsen-Anhalt	20 445 km²	2 797 000	Magdeburg
Schleswig-Holstein	15 729 km²	2 680 000	Kiel
Thüringen	16 251 km²	2 545 000	Erfurt

Die größten Städte (1. 1. 1993)

	Einwohner		Einwohner
1. Berlin	3 466 000	9. Düsseldorf	578 000
2. Hamburg	1 668 000	10. Bremen	553 000
3. München	1 229 000	11. Duisburg	537 000
4. Köln	957 000	12. Hannover	517 000
5. Frankfurt am Main	654 000	13. Leipzig	503 000
6. Essen	629 000	14. Nürnberg	497 000
7. Dortmund	601 000	15. Dresden	485 000
8. Stuttgart	592 000		

Große Inseln

	Fläche
Rügen	926,4 km²
Usedom (teilweise polnisch)	445,0 km²
Fehmarn	185,4 km²
Sylt	99,1 km²
Föhr	82,8 km²
Nordstrand	50,1 km²
Pellworm	37,4 km²
Borkum	30,6 km²
Norderney	26,3 km²
Amrum	20,4 km²
Langeoog	19,7 km²

Die längsten Flüsse

Donau	2 858 km	diese Flüsse
Rhein	1 320 km	fließen nur
Elbe	1 165 km	teilweise auf
Oder	866 km	deutschem
Mosel	545 km	Gebiet
Main	524 km	
Weser	440 km	
Saale	427 km	
Spree	382 km	
Ems	371 km	
Neckar	367 km	
Havel	343 km	

Große Seen

	Fläche
Bodensee	539 km²
Müritz	117 km²
Chiemsee	82 km²
Schweriner See	63 km²
Starnberger See	57 km²
Ammersee	47 km²
Steinhuder Meer	29 km²
Dümmer	16 km²
Scharmützelsee	14 km²

Große Schiffahrtskanäle

	Länge
Mittellandkanal	312 km
Dortmund-Ems-Kanal	269 km
Elbeseitenkanal	113 km
Nord-Ostsee-Kanal	99 km
Oder-Havel-Kanal	93 km
Oder-Spree-Kanal	84 km
Main-Donau-Kanal	72 km
Elbe-Havel-Kanal	56 km

Deutschland –
gewußt wo?

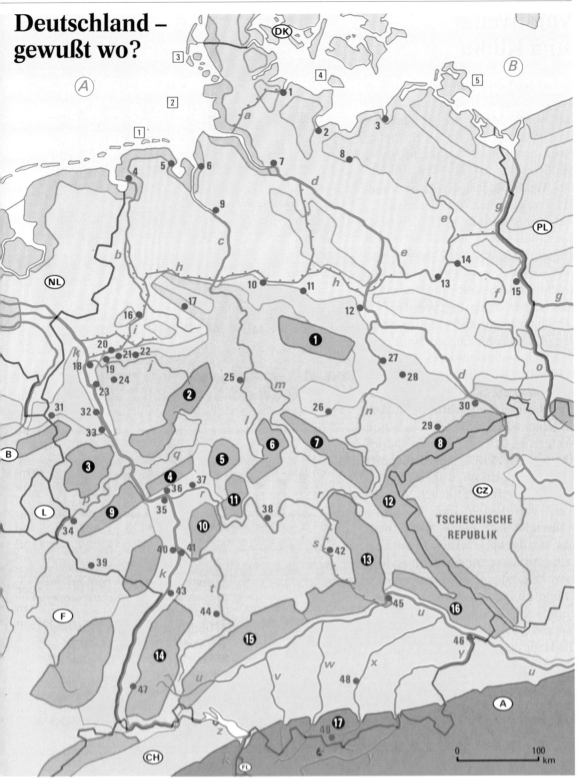

Vom Wetter zum Klima

Sicher hast du schon erlebt, daß es morgens regnet und mittags wieder schön ist. Manchmal meldet der Wetterbericht auch einen Sturm an Nord- und Ostsee, während es in Süddeutschland fast windstill ist. Das **Wetter** ändert sich nahezu täglich und ist selten überall gleich. Manchmal allerdings hält sich gutes oder schlechtes Wetter in einem großen Gebiet tage- oder sogar wochenlang. Typische Merkmale solchen gleichbleibenden Wetters nennen wir **Witterung.** Von der Witterung eines einzelnen Jahres hängt es z. B. ab, wann die Landwirte ihre Felder bestellen und ob der Wein süß oder sauer wird.

Wenn aber ein neues Haus die richtige Heizung und Wärmedämmung erhalten soll, spielen Wetter und Witterung eines einzelnen Jahres keine große Rolle. Hierbei achtet man auf das **Klima,** d. h., die für einen Ort durchschnittlichen Verhältnisse von Wetter und Witterung während vieler Jahre. Wenn man das Wetter eines Ortes über viele Jahre zurückverfolgt, stellt man fest: Der Wetterablauf ist in den meisten Jahren ähnlich. Bei uns in Mitteleuropa sind dafür die vier Jahreszeiten und die Abfolge der Witterungen die Hauptursachen.

Das Klima eines Ortes kann man mit dem **Klimadiagramm** beschreiben. Es zeigt den ganzen Jahresablauf auf einen Blick.

Niederschlag von Magdeburg

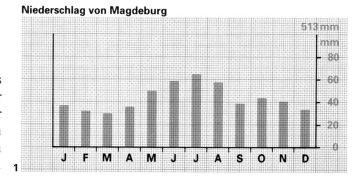

Lufttemperatur von Magdeburg

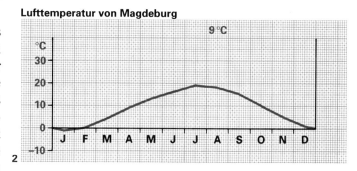

Klimadiagramm von Magdeburg

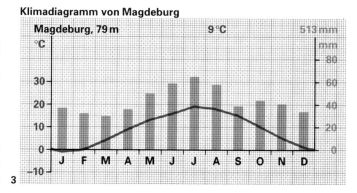

1 Wetter kann man beobachten und messen, das Klima nur berechnen. Erkläre diese Aussage.

2 Sprich über Wetter, Witterung und Klima und deren Unterschiede.

3 Welche Bedeutung haben Wetter, Witterung und Klima
a) für die Landwirte
b) für den Fremdenverkehr und
c) für dich selbst? Nenne jeweils Beispiele.

4 Werte das Klimadiagramm von Magdeburg aus:

Klimadiagramm vom Brocken

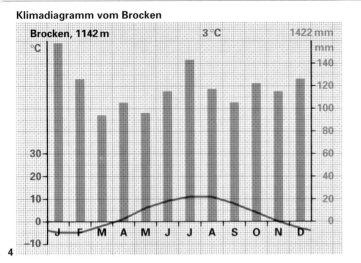

4

Wir zeichnen ein Klimadiagramm

Am besten verwendet man ein Millimeterpapier. Die Grundlinie wird in 12 Monate eingeteilt. 1 cm entspricht einem Monat.

Linke Skala (rote Zahlen): Temperaturwerte °C

Rechte Skala (blaue Zahlen): Niederschlagswerte mm

Die Einteilung auf der Skala ist so festgelegt, daß einem Wert für die Temperatur der doppelte Wert für den Niederschlag entspricht. Also: 10°C entsprechen 20 mm Niederschlag.

Weitere Angaben in der Kopfzeile:

links: Name der Klimastation
5 Höhenlage

rechts: Mittlere Jahrestemperatur Jahresniederschläge

a) Suche den niederschlagsreichsten und den niederschlagsärmsten Monat.
b) Wie hoch ist der Temperaturunterschied zwischen dem wärmsten und dem kältesten Monat?
5 Vergleiche die Klimadiagramme von Magdeburg (3) und vom Brocken (4).
6 Werte in gleicher Weise die Klimadiagramme auf Seite 19 aus, und vergleiche die Ergebnisse.
7 Suche unter den Klimastationen auf den Seiten 190/191 eine Station in deiner Nähe aus, und zeichne für sie ein Klimadiagramm.

Niederschlag messen und berechnen

Wieviel Niederschlag gefallen ist, messen alle Wetterstationen mit gleichen Auffanggefäßen. Die Niederschlagsmenge wird einmal am Tag in einem Meßglas bestimmt. Gefrorener Niederschlag wird vorher geschmolzen. Das Meßglas hat eine Millimetereinteilung. Liest man dort z. B. 10 mm Regenhöhe ab, so bedeutet das: Der Regen stünde überall 10 mm hoch, wenn er nicht abgeflossen, versickert oder verdunstet wäre.

Den **Monatsniederschlag** erhält man, wenn man alle Niederschläge eines Monats zusammenzählt. Die zwölf Monatsniederschläge eines Jahres ergeben zusammengezählt den **Jahresniederschlag**.

Temperatur messen und berechnen

Die Thermometer, auf denen man die Temperaturen abliest, befinden sich von Sonne und Regen geschützt in kleinen Wetterhütten. Die Werte werden um 7, 14 und 21 Uhr abgelesen. Die **Tagesmitteltemperatur** berechnet man, indem man die Temperaturwerte für 7 Uhr und 14 Uhr sowie zweimal für 21 Uhr zusammenzählt. Die Summe wird dann durch 4 geteilt, z. B. (18° + 30° + 22° + 22°) : 4 = 23°.
Auch für jeden Monat berechnet man eine Durchschnittstemperatur. Sie heißt **Monatsmitteltemperatur**. Zu ihrer Berechnung zählt man alle Tagesmitteltemperaturen eines Monats zusammen. Die Summe wird dann durch die Anzahl der Tage des Monats geteilt.
Ähnlich wird auch der Jahresdurchschnitt der Lufttemperatur, die **Jahresmitteltemperatur**, bestimmt. Man zählt alle Monatsmittel eines Jahres zusammen und teilt die Summe durch 12.

6

189

Klimastationen

DEUTSCHLAND		J	F	M	A	M	J	J	A	S	O	N	D	Jahr
Berlin, 57 m	°C	−1	0	3	8	13	16	18	17	14	8	4	1	8
	mm	49	33	37	42	49	58	80	57	48	43	42	49	587
Brocken, 1142 m	°C	−5	−5	−2	1	6	9	11	11	8	4	0	−3	3
	mm	158	126	94	105	96	115	143	117	105	122	115	126	1422
Dresden, 246 m	°C	−1	−1	3	8	13	17	18	18	14	9	4	0	9
	mm	38	36	37	46	63	68	109	72	48	52	42	37	648
Emden, 0 m	°C	1	2	3	7	12	15	17	16	13	9	4	2	8
	mm	59	44	47	46	49	67	77	89	63	69	59	67	736
Erfurt, 315 m	°C	−2	−1	3	8	12	16	17	17	13	8	4	0	8
	mm	33	31	28	34	58	67	71	55	46	45	34	30	532
Feldberg, 1486 m	°C	−4	−4	−1	1	6	9	11	11	8	4	0	−3	3
	mm	163	154	116	111	127	164	164	170	147	144	152	120	1732
Fichtelberg, 1213 m	°C	−5	−5	−3	1	6	10	11	11	8	4	−1	−4	3
	mm	91	85	87	90	100	109	135	89	87	79	81	101	1134
Freiburg i. B., 269 m	°C	1	2	6	10	14	18	19	19	16	10	5	2	10
	mm	61	53	53	62	81	112	101	101	91	66	69	52	902
Garmisch, 715 m	°C	−3	−1	3	7	11	14	15	15	12	7	2	−2	7
	mm	76	55	78	99	123	176	185	162	123	76	63	80	1286
Greifswald, 2 m	°C	−1	−1	2	7	12	16	18	18	14	9	5	1	8
	mm	40	33	30	39	45	55	69	55	59	51	36	41	553
Hamburg, 29 m	°C	0	1	4	8	12	15	17	16	14	9	4	2	9
	mm	59	48	49	52	54	66	85	87	61	65	53	61	740
Isny, 714 m	°C	−3	−2	2	7	11	15	16	15	13	7	2	−2	7
	mm	130	119	99	109	158	187	207	172	155	123	118	106	1683
Wahn (Köln/Bonn), 68 m	°C	1	2	5	9	13	17	18	18	15	10	6	3	10
	mm	51	47	37	52	56	83	75	82	58	54	55	51	701
Leipzig, 131 m	°C	−1	0	3	8	13	16	18	17	14	9	5	1	9
	mm	31	29	33	40	49	66	63	60	45	43	35	35	529
Magdeburg, 79 m	°C	−1	0	4	9	13	16	19	18	15	10	5	1	9
	mm	36	31	29	35	49	58	64	57	38	43	40	33	513
Mannheim, 96 m	°C	1	2	6	10	14	18	19	18	15	10	6	2	10
	mm	39	39	39	46	62	78	73	71	55	46	48	46	642
München, 529 m	°C	−2	−1	3	7	12	15	17	16	13	7	3	−1	7
	mm	51	38	50	77	93	117	128	102	89	57	47	55	904
Münster, 64 m	°C	1	2	5	9	13	16	17	17	14	10	6	3	9
	mm	66	56	42	50	50	60	87	76	58	57	60	56	718
Potsdam, 81 m	°C	−1	0	3	8	13	17	19	18	15	10	5	1	9
	mm	44	39	32	42	47	66	71	71	45	47	46	40	590
Schmücke (Oberhof), 932 m	°C	−4	−4	−2	3	8	11	13	12	9	5	0	−3	4
	mm	138	114	100	95	94	97	117	124	115	105	115	136	1350
Stuttgart, 259 m	°C	0	2	5	9	13	16	18	17	14	9	4	1	9
	mm	38	35	36	35	72	94	68	82	53	38	46	34	633
Zugspitze, 2962 m	°C	−11	−11	−10	−7	−3	0	2	2	0	−4	−7	−10	−5
	mm	115	112	136	195	234	317	344	310	242	135	111	139	2390

GEMÄSSIGTE GEBIETE		J	F	M	A	M	J	J	A	S	O	N	D	Jahr
Chicago, 185 m	°C	−3	−2	2	10	16	21	24	24	19	13	4	−2	11
	mm	47	41	70	77	95	103	86	80	69	71	56	48	843
Kew (London), 5 m	°C	4	5	7	9	13	16	18	17	15	11	8	5	11
	mm	54	40	37	37	46	45	57	59	49	57	64	48	593
Melbourne, 35 m	°C	20	20	18	15	13	10	10	11	12	14	16	18	15
	mm	45	59	50	69	54	52	54	50	58	74	70	58	691
Moskau, 144 m	°C	−10	−8	−4	4	13	16	19	17	11	4	−2	−7	4
	mm	28	23	31	38	48	51	71	74	56	36	41	38	533
Peking, 38 m	°C	−4	−2	6	13	21	24	27	25	21	13	4	−2	12
	mm	3	5	5	15	38	36	211	155	64	18	8	3	612

KALTE GEBIETE														
Barrow, 13 m	°C	−28	−25	−26	−19	−6	2	4	4	−1	−9	−18	−26	−12
	mm	19	15	15	10	13	22	39	65	69	47	25	21	360
Churchill, 11 m	°C	−28	−26	−20	−11	−2	6	12	12	6	−1	−12	−22	−7
	mm	13	14	17	26	30	41	52	61	53	38	39	23	407
Kiruna, 505 m	°C	−13	−12	−9	−4	3	8	11	9	4	−3	−8	−12	−2
	mm	19	15	19	26	32	54	70	74	50	41	32	21	453
Narvik, 32 m	°C	−4	−4	−3	1	6	10	14	13	9	4	0	−2	−4
	mm	55	49	60	44	43	65	59	84	97	86	58	58	758
Spitzbergen, 42 m	°C	−11	−11	−12	−9	−3	2	5	4	1	−3	−6	−9	−4
	mm	29	30	33	17	20	24	30	38	38	46	39	34	378
Südpol, 2800 m	°C	−29	−40	−54	−59	−57	−57	−59	−59	−59	−51	−39	−28	−49
	mm	keine Angaben												
Vardö, 10 m	°C	−6	−6	−5	−2	2	6	9	9	6	2	−2	−4	1
	mm	67	72	53	42	35	40	44	51	61	63	64	65	655
Werchojansk, 99 m	°C	−50	−45	−30	−13	2	12	15	11	2	−14	−37	−47	−16
	mm	4	3	3	4	7	22	27	26	13	8	7	4	128

WÄRME- UND TROCKENGEBIETE														
Agades, 520 m	°C	20	23	27	31	33	33	31	30	31	29	24	21	28
	mm	0	0	0	1	6	8	49	78	20	1	0	0	164
Athen, 105 m	°C	9	10	11	15	19	23	27	26	23	19	14	11	17
	mm	54	46	33	23	20	14	8	14	18	36	79	64	406
Bilma, 355 m	°C	19	20	24	28	32	32	33	32	30	27	22	17	27
	mm	0	0	0	0	1	1	2	11	4	2	0	0	21
Djakarta, 8 m	°C	25	25	26	26	26	26	26	26	26	26	26	26	26
	mm	270	241	175	131	139	105	72	65	146	169	183	185	1881
Kairo, 33 m	°C	12	13	16	20	24	27	27	27	25	22	18	14	21
	mm	5	5	5	3	3	0	0	0	0	3	3	5	28
Kisangani, 460 m	°C	26	26	26	26	26	25	25	25	25	25	25	25	25
	mm	95	115	152	181	167	115	100	186	174	228	177	144	1804
Kufra, 381 m	°C	12	15	19	23	28	30	30	31	28	25	19	14	23
	mm	0	1	0	0	0	0	0	1	0	0	0	0	2
Lima, 11 m	°C	22	22	22	20	18	16	15	15	15	16	18	19	18
	mm	1	0	1	0	1	1	2	2	1	0	0	0	10
Los Angeles, 103 m	°C	13	14	15	17	18	20	23	23	22	20	17	15	18
	mm	78	85	57	30	4	2	0	1	6	10	27	73	373
Manáus, 44 m	°C	26	26	26	26	26	26	27	27	28	28	27	27	27
	mm	262	249	274	277	201	112	69	38	61	119	155	226	2043
Perth, 59 m	°C	23	23	22	19	16	14	13	13	14	16	19	22	18
	mm	8	10	20	43	130	180	170	143	86	56	20	15	881
Rom, 46 m	°C	7	8	12	14	18	23	26	26	22	18	13	9	16
	mm	74	87	79	62	57	38	6	23	66	123	121	92	828
Yuma (Wüste), 42 m	°C	12	15	18	21	25	29	33	32	29	23	17	13	22
	mm	11	11	9	2	1	1	5	13	9	7	2	13	88

Wichtige Grundbegriffe

Agrarraum: → Wirtschaftsraum, in dem die landwirtschaftliche Produktion vorherrschend ist, z. B. Magdeburger Börde.

Bergbau: Abbau von → Bodenschätzen. Der Bergbau erfolgt im **Tagebau** (oberirdisch) oder im **Untertagebau,** auch **Tiefbau** (unterirdisch). Im Tagebau werden die über dem → Flöz liegenden Schichten abgetragen. Beim Tiefbau werden senkrechte Schächte angelegt, die im Ruhrgebiet zum Teil über 1000 m tief sind.

Bevölkerungsdichte: Durchschnittliche Zahl der Einwohner eines Raums pro Quadratkilometer, z. B. 253 EW/km².

Binnenmeer: Meeresteil, der nur durch schmale Zugänge mit dem offenen Weltmeer verbunden ist, z. B. die Ostsee.

Boden: 1. An der Erdoberfläche entstandene und sich weiterentwickelnde Schicht aus verwittertem → Gestein, das mit Wasser, Luft und Lebewesen durchsetzt ist.
2. Wichtiger Bestandteil der → Landschaft.

Bodenschatz: Nutzbare Rohstoffe an der Erdoberfläche oder im Untergrund. Man unterscheidet Erze, Kohlen, Salze, Erdöl und Erdgas sowie Steine und Erden, z. B. Kies und Sand.

Börde: Niederdeutsche Bezeichnung für eine flache, baumarme Landschaft mit fruchtbaren Böden, die sich auf Lößablagerungen entwickelt haben. Dort werden vorwiegend Weizen und Zuckerrüben angebaut.

Bruchschollengebirge: Gebirge, die durch die unterschiedliche Hebung von Bruchschollen und deren Abtragung durch erdäußere Kräfte entstanden sind.

Durchbruchstal: Tal, das quer zum Verlauf des Gebirges entstanden ist. Mit der Hebung des Gebirges schnitt der bereits vorhandene Fluß ein tiefes Tal ein.

Ebbe: → Gezeiten

Eiszeitalter: Zeitabschnitt der Erdgeschichte vor etwa 1,5 Millionen bis vor 10 000 Jahren, in dem Kaltzeiten und Warmzeiten miteinander abwechselten. Während der Kaltzeiten bildeten sich große Inlandeismassen.

Endmoräne: Am Rande des Inlandeises abgelagertes Material, vor allem grober Gesteinsschutt. Endmoränen können einen markanten Wall bilden, aber auch langgestreckte, bogenförmige Hügelketten.

Entsorgung: Beseitigen und Aufbereiten von Abwasser, Abgasen und festen Abfallstoffen, z. B. Müll.

Flachküste: → Küste

Flöz: Abbauwürdige Schicht von Bodenschätzen, z. B. Braunkohle; eingelagert in nicht nutzbares Gestein.

Flut: → Gezeiten

Fremdenverkehr: Reiseverkehr zum Zwecke der Erholung, Bildung oder sonstiger Urlaubs- und Freizeitgestaltung. Orte bzw. Gebiete, die viel von Fremden aufgesucht werden, nennt man **Fremdenverkehrsorte** bzw. **Fremdenverkehrsgebiete.**

Fruchtfolge: Wechselnder Anbau der Feldfrüchte in aufeinanderfolgenden Jahren auf demselben Feld.

Gestein: 1. Festes Material, das die Erdkruste aufbaut, z. B. Basalt, Granit, Kalkstein und Sandstein.
2. Die Art und Lagerung der Gesteine sind wichtiger Bestandteil der → Landschaft und werden auch als geologischer Bau bezeichnet.

Gezeiten (Tiden): Das regelmäßige Steigen (Flut) und Fallen (Ebbe) des Wasserspiegels von Meeren und großen Seen. Der Wasserstand schwankt dabei zwischen Hochwasser und Niedrigwasser. Die Differenz wird als Tidenhub bezeichnet.

Gletscher: Eisstrom, der durch Anhäufung von Schnee entsteht und talabwärts fließt. Gletscher entstehen in den Polargebieten und → Hochgebirgen oberhalb der Schneegrenze.

Globus (lateinisch = Kugel): Maßstabgerechtes und stark verkleinertes Modell (Abbild) der Erdkugel.

Grabenbruch: Zwischen zwei gehobenen oder stehengebliebenen Bruchschollen entstandene talförmige Einsenkung der Erdoberfläche.

Gradnetz: Ein Netz aus Linien, die sich rechtwinklig schneiden. Die vom Nordpol zum Südpol verlaufenden Linien bilden die 360 Längenhalbkreise, auch Meridiane genannt. Parallel zum Äquator verlaufen 180 Breitenkreise. Das Gradnetz dient der Ortsbestimmung.

Grundmoräne: Ablagerungen am Grunde des Inlandeises, die überwiegend aus zerkleinertem und lehmigen Material bestehen.

Hochgebirge: Bereiche der Erdoberfläche, die eine Höhe von über 2000 m aufweisen.

Höhenstufen der → Vegetation: Die Abfolge unterschiedlicher → Vegetation mit zunehmender Höhe. Vor allem die Veränderung des → Klimas bewirkt die Ausbildung einer bestimmten Pflanzendecke, in den Alpen z. B. Nadelwald und Matten.

Industrieraum: → Wirtschaftsraum, in dem die industrielle Produktion vorherrscht.

Karte: Verkleinertes, verebnetes und vereinfachtes Abbild der Erdoberfläche oder eines Teiles davon. Der Maßstab einer Karte gibt den Grad der Verkleinerung an, z. B. 1:100 000 bedeutet: 1 cm auf der Karte entspricht einer wirklichen Entfernung von 1 km. Karten können unterschiedliche Bereiche der Wirklichkeit abbilden bzw. bestimmte Themen (thematische Karte) zum Inhalt haben, z. B. die Oberflächengestalt (→ Relief), das → Klima oder die → Bevölkerungsdichte. Dazu werden Signaturen (Zeichen) verwendet, die in einer Legende erklärt werden.

Klima: 1. Durchschnittlicher Wetterablauf über einen längeren Zeitraum (Jahrzehnte) an einem Ort oder in einem Gebiet.
2. Wichtiger Bestandteil der → Landschaft.

Küste: Grenzraum zwischen Festland und Meer, der sich durch die Einwirkung der Brandung, der → Gezeiten und Flüsse, die in das Meer münden, ständig verändert.

Flachküste: Küstenform, die allmählich zum Meer abfällt. Sie läßt sich gliedern in die Schorre, den Strand (häufig aus Sand) und die Düne.

Steilküste: Küstenform, die steil zum Meer abfällt. Sie läßt sich gliedern in die Schorre, den Strand, teilweise mit Gesteinsblöcken, und das Kliff. Durch die Brandung wird das Kliff am Fuße ausgehöhlt und allmählich zurückverlegt.

Landschaft: Teil der Erdoberfläche, der nach seinem äußeren Erscheinungsbild abgegrenzt wird, z. B. Lüneburger Heide. Landschaften entstanden und entstehen als Ganzes durch das Zusammenwirken der Merkmale ihrer Bestandteile: → Klima, → Gestein, → Relief, → Boden, → Wasser, → Vegetation und Tierwelt sowie die Tätigkeit des Menschen. Heute wird die durch den Menschen veränderte Landschaft als **Kulturlandschaft** bezeichnet. Wenn Landschaften nach ihrer natürlichen Ausstattung (Klima, Relief, Böden usw.) betrachtet werden, spricht man von **Naturlandschaften** oder Naturräumen.

Löß: Gelbliches, feinkörniges und kalkhaltiges Ablagerungsgestein. Löß entstand im Eiszeitalter. Der Wind wehte aus den damals pflanzenlosen Grundmoränen und Sandern feines Material aus und lagerte es am Nordrand der Mittelgebirge ab.

Marsch(land): Ebene Küstenlandschaft, an → Flachküsten mit starken → Gezeiten, die aus den Ablagerungen des

Meeres oder der großen Flüsse besteht. Durch Eindeichung dieser Ablagerungen schafft der Mensch Neuland, das man Koog oder Polder nennt.

Mittelgebirge: Bereiche der Erdoberfläche, die eine Höhe von 500 bis 2000 m aufweisen. Die Bereiche zwischen 200 und 500 m Höhe werden als Mittelgebirgsvorland bezeichnet.

Nationalpark: Rechtsverbindlich festgesetztes, einheitlich zu schützendes Gebiet, das großräumig und von besonderer Eigenart ist. Im Nationalpark gelten strenge Auflagen, um die Landschaft mit ihrer Pflanzen- und Tierwelt zu schützen.

Natur: Alle belebten und unbelebten Erscheinungen auf der Erde, die ohne Zutun des Menschen existieren.

Naturschutzgebiet: Gebiet, das besonders schützenswert ist und weder durch Bebauung oder eine andere Nutzung verändert werden darf. Ein Naturschutzgebiet darf nur auf den zugelassenen Wegen betreten werden. Gegenüber Nationalparks sind diese Gebiete kleinräumiger.

Randmeer: Meeresteil, der durch Inseln oder Halbinseln vom offenen Weltmeer abgetrennt ist, z. B. die Nordsee.

Recycling: Wiederverwertung von Abfällen zum Herstellen neuer Produkte oder zum Rückgewinnen von Rohstoffen.

Rekultivierung: Eine durch die wirtschaftliche Tätigkeit des Menschen zerstörte Landschaft, z. B. Braunkohletagebau, Kiesabbaugebiete, wieder nutzbar machen.

Relief: 1. (Bezeichnung für die) Oberflächengestalt der Erde, z. B. spricht man in Tiefländern von einem flachen bis flachwelligen Relief.
2. Wichtiger Bestandteil der → Landschaft.

Sander: Ablagerungen, die durch das Schmelzwasser des Inlandeises vor den → Endmoränen entstanden. Sander sind oft Schwemmfächern ähnlich ausgebildet. Sie bestehen überwiegend aus

Sand, der aus den → Grund- und → Endmoränen herausgewaschen wurde.

Sonderkulturen: Bezeichnung für eine Form der landwirtschaftlichen Bodennutzung, die besondere natürliche Anbaubedingungen, spezielle Kenntnisse und einen hohen Arbeitsaufwand erfordern. Zu Sonderkulturen zählen vor allem Wein, Obst, Hopfen, Spargel und Feldgemüse.

Standortfaktoren: Alle Sachverhalte, die die Standortwahl eines Betriebs beeinflussen. Dazu gehören z. B. das Angebot von Arbeitskräften, das Vorhandensein von Rohstoffen und Transportmöglichkeiten.

Steilküste: → Küste

Tagebau: → Bergbau

Tiefbau: → Bergbau

Tiefland: Bereiche der Erdoberfläche, die sich bis zu einer Höhe von 200 m erstrecken.

Umwelt: Bereich der Erdoberfläche, in dem sich das Dasein eines Lebewesens abspielt. Man unterscheidet zwischen natürlicher Umwelt (→ Natur), sozialer Umwelt (alle Bedingungen der Gesellschaft) und technischer Umwelt (vom Menschen geschaffene technische Bedingungen).

Untertagebau: → Bergbau

Urstromtal: Urstromtäler sind breite, flache Täler, die in Mitteleuropa parallel zum ehemaligen Eisrand verlaufen. In diesen flossen die Schmelzwasser des Inlandeises zum Meer.

Vegetation: 1. Bezeichnung für die Pflanzendecke der Erdoberfläche.
2. Zusammen mit der Tierwelt bildet die Vegetation einen wichtigen Bestandteil der → Landschaft.

Verdichtungsraum: → Wirtschaftsraum, der mindestens 100 km² groß ist, mit einer hohen Konzentration von Bevölkerung und Arbeitsstätten. Die Gesamtzahl der Einwohner muß über 150 000 betragen, wobei die → Bevölkerungsdichte über 1000 EW/km² liegen muß.

Verkehrsnetz: Gesamtheit aller Verkehrswege in einem Raum. Orte, an denen sich verschiedene Verkehrswege kreuzen, werden als **Verkehrsknotenpunkt** bezeichnet.

Wasser: 1. Farblose und geruchlose Flüssigkeit, die auf der Erdoberfläche in Meeren, Seen, Flüssen und Sümpfen als Oberflächenwasser (Gewässer), im → Boden als Bodenwasser und im → Gestein als Grundwasser vorkommt. Wasser existiert auf der Erde auch in fester Form in → Gletschern und im gasförmigen Zustand als Wasserdampf.

2. Wichtiger Bestandteil der → Landschaft.

Watt/Wattenmeer: Bereich einer flachen Gezeitenküste, der durch → Ebbe und → Flut abwechselnd trocken fällt und überflutet wird. Durch niedrige Inseln oder schmale Landzungen ist dieser Küstenbereich vom offenen Meer abgetrennt.

Wetter: Bezeichnung für den momentanen Zustand von Temperatur, Niederschlag, Bewölkung, Wind u. a. in einem bestimmten Gebiet oder Ort.

Wirtschaftsraum: Teil der Erdoberfläche, der nach wirtschaftlichen und gesellschaftlichen Merkmalen abgegrenzt wird. Zu einem Wirtschaftsraum gehören Bevölkerung, Siedlungen, Verkehr, Industrie- und Dienstleistungsbetriebe sowie Land- und Forstwirtschaft.

Sachwortverzeichnis

Die mit Sternchen gekennzeichneten Begriffe sind im Anhang „Wichtige Grundbegriffe" erläutert.

Bildnachweis

Titelseite:
Auscape International, Strawberry
    Hills, Australien
Bossemeyer, Bilderberg, Hamburg
Kunitsch, Münster
Lazi, Stuttgart
Mangold, Ottobrunn
Müller-Moewes, Königswinter
Superbild, München

Alpha Press, Berlin: 101.7 (Kraemer)
Appenrodt, Bitterfeld: 111.4, 114.2,
    117.6
Archiv des Harzmuseums, Wernige-
    rode: 120.3
Badischer Weinbauverband, Freiburg:
    (Foto Mühlbauer): 142. 2 + 3
Bässler, Hamburg: 52.2
Bavaria, Gauting: 167.9 (Buchholz)
Beck, Birkenfeld: 125.2
Bergmann, Wallenhorst: 56.1, 71.4
Bertram-Luftbild, München: 155.4
Bildarchiv Huber, Garmisch-Partenkir-
    chen: 36.4, 181.2 o.
Bildarchiv Preußischer Kulturbesitz,
    Berlin: 9.3
Bildarchiv Sammer: 167.7
Bilderberg, Hamburg: 4.3 (Kunz), 174.1
    (Schmid)
Blank, Paderborn: 85.4 li.
Bohn, Königswinter: 166.5
Bosch Pressebild, Stuttgart: 141.4
Brodengeier, Dresden: 132.4–6, 168.2,
    169.6
Bünstorf, Altenberge: 66.2
Butzin, Oer-Erkenschwieck: 94.1 li.
CDZ-Film. Stuttgart: 6.1
CESA, Cölbe: 101.6
Deuringer, Neusäß: 160.1
Deutsche Bundesbahn, Mainz: 36.1
Deutsche Luftbild, Berlin: 175.4
Deutsche Luftbild, Hamburg: 62.1, 64.5
    (Luftamt Hamburg 3906/78), 66.1

Deutscher Weinfonds, Mainz: 142.1,
    143.5
dpa, Frankfurt/Main: 5.4 (Scheide-
    mann), 5.6 (Agence France), 53.3,
    70.3 (Agence France), 108.3 (Gerig),
    109.4 (Schindler), 110.3, 175.3
Ebeling, Magdeburg: 100.2, 101.5,
    104.1, 104.3–6, 110.1
Eicke-Verlag, Barkelsby: 37.6
Enkelmann, Filderstadt: 17.4, 22.2,
    37.5, 38.1, 124.1, 126.1, 134.2, 140.1
ETEC, Essen: 94.1 re.
Flughafen AG, Frankfurt/Main: 138.1,
    139.3
Focus, Hamburg: 26.1
Frank, Gelsenkirchen: 175.5
Fremdenverkehrsverband Tux, Laners-
    bach: 158.1
Fremdenverkehrsverband Tuxertal:
    158.3
Fuchs, Burgholzhausen: 163.5
Geiger, Landau: 16.1, 17.3, 136.1
Geiger, Merzhausen: 143.7
Geodia, Göttingen: 80.1
Geologisches Landesamt Nordrhein-
    Westfalen, Krefeld: 85.4 m.
Gesamtverband des deutschen Stein-
    kohlebergbaus, Essen: 85.4 re.
Gesellschaft für ökologische For-
    schung, München: 160.2, 161.4
Globus, Hamburg: 183.2
Glocknerwirt, Heiligenblut: 148.3
Grünewälder, Lüneburg: 68.1 + 2, 73.2
Hermann-Gmeiner-Fonds Deutschland
    e. V., München: 5.1
Hogrebe Design, Essen: 67.6
Hug-Fleck, Winden: 59.4
IFA-Bilderteam, München: 54.1
    (Rölle), 82.1 (Fiedler)
IMA, Hannover: 81.3
Joachim, Leipzig: 97.3
John Technik in Metall, Achern: 144.12
Jürgens, Berlin: 119.4, 132.3
Keystone, Hamburg: 119.2
Kinkelin, Worms: 142/143 m.

Klett-Archiv: 7.2, 8.2, 12.1, 116.1, 132.2

Kommunalverband Ruhrgebiet, Essen: 95.6 (Schumacher)

Konold, Stuttgart: 167.6

Krauter, Schwäbisch Gmünd: 141.7

Kurverwaltung Esens: 68.4

Kurverwaltung Garmisch-Partenkirchen: 35.3

Lade, Frankfurt/Main: 96.1 (Kirchgeßner)

Lamprecht, Denzlingen: 144.li. o. + u., 144.11

Landesbildstelle Berlin: 43.4 + 5

Landesmedienzentrum Rheinland-Pfalz, Koblenz: 135.4

LAUBAG, Senftenberg: 88.1

Lauritzen, Sylt-Ost: 58.1

Lehnartz, Berlin: 46.1

Lehnig, Dresden: 128.1–3

von der Lippe, Bochum: 20.2

Luftbild Brugger, Stuttgart: 23.6, 36.3 (BW2/14557C), 141.5, 162.2

Luftbild Elsässer, Stuttgart: 34.1 (Reg.-Präs. Stuttgart 9/69517)

Mauritius, Mittenwald: 35.4 (Rossenbach), 45.3 (Mehlig), 73.3 (Rosenfeld), 94.4, 100.1 (Backhaus), 100.4 (Dumrath), 101.8 (Lange), 105.8 (Waldkirch), 117.7 (Filser), 153.5 (Reichart), 161.5

Mehlig, Lauf in Baden: 18.2

Mellmann, Frankfurt/Oder: 76.1

Mercedes-Benz AG, Wörth: 136.2

Moog DGPH, Essen: 93.4

Muuß, Altenholz: 55.5 (SH 151/1194), 57.5 (SH 99)

NDR, Hamburg: 5 m. (Drischel)

Nebbia, Reykjavik: 14.1

Nolzen, Stegen: 148.2, 150.1–5, 152.2

Obermann, Ettlingen: 166.2 + 3, 173. o.

OGA Erzeugermarkt, Bruchsal: 145.13

Opel AG, Bochum: 94.3, 174.2

Paul, Asperg: 15.5 (5), 66.4

Paysan, Stuttgart: 27.10

Pfeiffer, München: 161.3

PhotoPress, Taufkirchen: 100.3 (Maier)

Pictor International, München: 5.5

Plemper, Mannheim: 20.3, 21.6, 23.6

Pott, Stuttgart: 33.6

Presse- und Informationsamt, Essen: 93.3

Rausch, Frickenhausen: 16.2, 166.4

Reinhard: 60.1

Rheinische Braunkohlenwerke AG, Köln: 86.1, 86.2 (Reg.-Präs. Düsseldorf 18N800), 99.3 + 4

Richter, Dresden: 130.4

Rother, Schwäbisch Gmünd: 15.5 (1–4), 18.3 + 4, 21.5, 22.3, 23.4 + 5, 24.1 + 2, 24.4, 25. 5 + 7, 26.2, 26. 4 + 5, 27.6–9, 29.2–11, 30.2–4, 31.5 + 6, 33.4 + 8, 76.2 + 3, 77.4

Ruhrkohle AG, Essen: 90.1

Ruhrlandmuseum, Essen: 84.1 o.

Schmidt, Halle: 114.3–5

Schneider, Boudevilliers: 20.4

Scholz, H. + U.: Das Werden der Allgäuer Landschaft, Kempten (1981, S. 134): 154.2

Schröder, Clenze: 103.6

Silvestris, Kastl: 18.1 (The Telegrap Colour Lib), 57.6 (Wernike)

Soltau-Kurier, Norden: 52.1

Stadtbildstelle Essen: 95.5

Storto, Leonberg: 148.1

Superbild, München: 130.1, 132.1

Täubert, Greifswald: 54.3, 65.8

Tougaard, Ribe: 56.2 + 3

Transdia, Kiel: 101.9 (Hänel), 104.2 (Hänel), 117.5 (Hänel), 121.4 (Hänel)

Transglobe, Hamburg: 4.2 (Petzold)

Ullstein Bilderdienst, Berlin: 46.3 (Klöckner), 47.4 (Gläser)

Verkehrsamt Berlin: 44.2

Verkehrsamt der Stadt Köln: 34.2 (Gaertner), 92.2 (Deutsche Luftbild)

Verkehrsamt Grainau: 148.4

Vonderstraß, Stuttgart: 143.6

Wallner, Bodnegg: 156.1
Weisflog, Cottbus: 88.3
Werbegemeinschaft der Württ. Wein-
    gärtnergenossenschaft, Stuttgart:
    142.4
Yilmaz/Paparazzi, Berlin: 43.6

Zenit, Berlin: 42.1 (Langroc
    (Böning)
Zentralbild, Berlin: 112.3 (F
    113.5 (Grubitzsch)
Ziemke, Stendal: 82.2, 108.1

Kartengrundlagen

Fremdenverkehrsamt Langeoog: 67.
Fremdenverkehrsverband Tux, Laners-
    bach: Panoramakarte Tuxertal: 159.4
Informationsamt Berlin: 44.1
Landesamt für den Nationalpark
    Schleswig-Holsteinisches Watten-
    meer, Töning 1989 und National-
    parkverwaltung Niedersächsisches
    Wattenmeer, Wilhelmshafen 1988:
    69.7
Militärtopographischer Dienst Halle:
    Topographische Karte 1:25 000,
    Blatt M-33-17-D-d Lohsa, Ausgabe
    1989: 89.5

nordland Kartenverlag GmbH, Schwe-
    rin + Hannover, Geschäftsstelle
    Schwerin: Ausschnitt aus der Rad-
    wanderkarte Mecklenburgische
    Seenplatte: 83.3
Reichsamt für Landesaufnahme Berlin:
    Topographische Karte 1:25 000,
    Blatt 4652 Lohsa: 89.4
VEB Tourist Verlag, Berlin/Leipzig
    1989: Ausschnitt aus der Wander-
    karte 1:30 000 Sächsische Schweiz:
    130.2